GÜTERSLOHER
VERLAGSHAUS

Was kann man heute noch GLAUBEN?

Ein Disput

Nikolaus Schneider
Martin Urban

Mit Cartoons von Oswald Huber

Gütersloher Verlagshaus

Bibliografische Information der Deutschen Nationalbibliothek
Die Deutsche Nationalbibliothek verzeichnet diese Publikation
in der Deutschen Nationalbibliografie; detaillierte bibliografische Daten
sind im Internet über https://portal.dnb.de abrufbar.

Entecken Sie mehr auf www.gtvh.de

MIX

Papier aus ver-
antwortungsvollen
Quellen

FSC® C014889

Verlagsgruppe Random House FSC® N001967
Das für dieses Buch verwendete FSC®-zertifizierte Papier
EOS liefert Salzer Papier, St. Pölten, Austria.

1. Auflage
Copyright © 2013 by Gütersloher Verlagshaus, Gütersloh,
in der Verlagsgruppe Random House GmbH, München

Umschlagmotive: links (Astronaut auf dem Mond): © Caspar Benson/fstop/
Corbis; Mitte (Risskante): © opiccobello – Fotolia.com; rechts (William Blake
»Europa eine Prophezeiung«, 1794): © der Vorlage: akg-images, Berlin.
Satz: Satz!zeichen, Landesbergen
Druck und Einband: Friedrich Pustet GmbH & Co. KG, Regensburg
Printed in Germany
ISBN 978-3-579-08501-2
www.gtvh.de

Inhalt

Einführung

Anfang Januar 2013 sagte Bundestagspräsident Norbert Lammert, ein bekannter Katholik, im Neusser Augustinus-Forum: »Mein Hauptproblem mit meiner Kirche ist, dass sie an der Aufrechterhaltung des eigenen Geschäftsmodells mehr interessiert zu sein scheint als an der Vermittlung von Glaubensinhalten.« Die ehemalige Ratsvorsitzende der EKD, Margot Käßmann, definierte in einem Interview im Jahr 2011 »Glaubensstärkung für die Welt« als Aufgabe der Kirche. Um die *Inhalte* des christlichen Glaubens geht es anscheinend weder der katholischen noch der evangelischen Kirche. Diese Inhalte sind, so meint man vielleicht, nach zweitausend Jahren, ohnedies alt- und allbekannt. Trifft das zu? Ich denke, nein.

Unser *Wissen* veraltet, je besser wir die Welt und uns selbst erkennen. Gilt das nicht auch für unseren *Glauben*? Ist er nicht abhängig vom Wissen, auch wenn die mit dem Glauben verbundenen Hoffnungen über unser Wissen weit hinausgehen? Ja, meine ich.

Grundlage des christlichen Glaubens sind die biblischen Bücher. Sie sind von Menschen verfasst worden in Zeiten, als man die *Geschichte* durch das Erzählen von *Geschichten* deutete. Die sich hinter den Geschichten verbergende Geschichte muss deshalb im Lichte des jeweiligen Wissens entdeckt und neu gedeutet werden. Das ist ein niemals zu einem Ende kommender Prozess, der zugleich das Gewicht der Heiligen Schrift zeigt. Die Bibel hält das nämlich aus.

Der durch die biblischen Bücher vermittelte und konservierte Glaube von gestern ist im Lichte heutigen Wissens in vielerlei Hinsicht Aberglaube geworden. Die Kirchen verbreiten darum Aberglauben, wenn sie ihre Lehren nicht unter Beachtung der Erkenntnisse der Forschung – der Theologie wie insbesondere auch der Naturwissenschaften – bedenken. »Denn wir vermögen nichts wider die Wahrheit«, schrieb einst der Apostel Paulus (2 Kor 13,8). Deshalb ist es an der Zeit, dass die Kirche ihre Angst vor der Wissenschaft überwindet und sich als wahre »Kirche der Freiheit« den Erkenntnissen unserer Zeit stellt und diese mitbedenkt in der gemeinsamen Suche nach der Wahrheit. Eben diesem Ziel des Be-Denkens, in aller Unvollständigkeit und beschränkt auf grundsätzliche Erwägungen, soll unser Wortwechsel dienen.

Glaube ist für mich in erster Linie ein *Beziehungswort*. Die entscheidende Frage für mein Leben ist deshalb, »*wem*« und nicht »*was*« ich heute glaube.

Jesus hat nach den Zeugnissen der Evangelien seinen »Glauben« als ein nachhaltiges Gottvertrauen gelebt und gelehrt. Ihm ging es ganz offensichtlich nicht darum, im Lichte seines Wissens die Thora, also die Heilige Schrift des Judentums, zu entrümpeln. Und auch nicht darum, die Menschen auf einen Kanon von zeitgemäßen Lehrsätzen zu verpflichten. Deshalb sehe ich das Ziel des kirchlichen Lehrens und Predigens nicht etwa in einem zweifelsfreien »Für-wahr-Halten« bestimmter christlicher Lehrmeinungen und Glaubensinhalte, sondern in einer vertrauensvollen Lebensbindung von Menschen an Gottes Wort und Gottes Geleit.

Ich bin nicht davon überzeugt, dass eine »richtige«, wissenschaftlich abgesicherte und widerspruchsfreie Lehre uns Menschen getrost leben und hoffnungsvoll sterben lässt. Ich glaube, Menschen brauchen dazu zunächst und vor allem die Erfahrung und die Hoffnung, Gottes Liebe und mitfühlende Menschen begleiten mich bei allem, was in der Welt geschieht, und bei allem, was mir persönlich widerfährt.

Unter dieser Prämisse halte ich es dann durchaus für geboten, tradierte Glaubensinhalte, Lehrmeinungen und Bekenntnisformulierungen unserer Kirche auf ihre Gegenwartsrelevanz hin zu befragen und mich dem Diskurs über geforderte »notwendige Abschiede« von manchen theologischen Vorstellungen und Deutungsmustern zu stellen. Eine allgemeingültige und alle Christenmenschen verpflichtende Grenze zwischen Glauben und Aberglauben lässt sich für mich dabei allerdings weder durch das Licht der gegenwärtigen wissenschaftlichen Forschung noch durch die bisher erkannten Naturgesetze zie-

1. → Hoffnung → Nietzsche → und Nietzsche weiile

hen. Ich bin davon überzeugt, dass Menschen in und außerhalb unserer Kirche auch heute noch glauben können und glauben dürfen, was »quer« zu den Erkenntnissen der Wissenschaften steht, ohne Schaden an ihrer Seele zu nehmen oder die Seele anderer Menschen zu schädigen. Als Aberglaube – also als ein nach meinen Voraussetzungen »verkehrter« Glaube – sind für mich Glaubensinhalte innerhalb unserer Kirche nur dann zu bestreiten, wenn sie sich nicht auf das in der Bibel bezeugte Evangelium von Jesus Christus gründen.

Davon abgesehen lebe ich gut und gerne mit der Vielstimmigkeit und der Vielfältigkeit in »meiner« Kirche und bin ganz gewiss, dass wir Glaubende gerade darin – also gerade auch in Diskursen und in Wortwechseln wie dem unsrigen – der Wahrheit Gottes *zeitgemäß* auf der Spur bleiben können.

Wortwechsel

- Faust
- Kleine Weltgeschichte der Wissenschaft
- Rost → Studientechniken → Kapitel 2

Offenbarungen sind kreative Akte, die im menschlichen
Kopf passieren. / Zum Glauben an Offenbarungen gehört
essentiell der Zweifel, sonst wird aus Glaube Aberglaube.

Die Naturgesetze sind allgemeingültig. Es gibt also keinen na-
turgesetzesfreien Raum. Da wir die Natur nicht ermessen können, können wir logischerweise einen Sachverhalt auch nicht
als übernatürlich oder als ein Wunder bezeichnen. Im Lichte
dieser Erkenntnisse ist die Vorstellung der Offenbarung Gottes
neu zu bedenken. Eine Offenbarung ist kein Vorgang, bei
welchem eine immaterielle geistige Entität von außen auf die
Materie, das heißt auch auf die Gehirne der Menschen ein-
wirkt. Ein solcher Vorgang würde den Energieerhaltungs-Ge-
setzen widersprechen. Ich verstehe mit dem katholischen
Schweizer Theologen Othmar Keel eine »Offenbarung« als
kreativen Akt, also als etwas, das nicht von außen kommt,
sondern im menschlichen Kopf passiert.
»Offenbarung« ist für die Protestanten »ein Begriff der theologischen Reflexionssprache« (Taschenlexikon Religion und
Theologie). Die katholische Kirche beharrt jedoch qua »Lehramt« darauf, dass Gott als Urheber und Ziel alles geschaffenen
Seins von der natürlichen Vernunft »mit Sicherheit erkannt werden« könne. Das ist pure Spekulation. Die Offenbarung ist sozusagen die Mutter des Relativismus. Denn der Mensch hat
keinen Sinn für den Zufall und versucht deshalb, als Ergebnis
seines natürlichen Deutungsbedürfnisses auch zufällige Ereignisse als kausales Geschehen bedeutungsschwer wahrzunehmen – das kann für Christen heißen: als Offenbarungen Gottes.
Die biblischen Bücher sind Sammlungen von Fakten und Deutungen und damit unter Beachtung unseres jeweiligen Wissens

interpretationsbedürftig. Christen suchen und sehen in der Bibel »Gottes Wort«. Sie ist damit die Quelle christlichen Glaubens. Nach meinem Verständnis gehört zum Glauben aber essentiell der Zweifel. Die Bibel kennt den fundamentalen Zweifel; zum Beispiel den daran, dass der auferstandene Jesus seinen Jüngern erschienen sei: »Und als sie ihn sahen, fielen sie vor ihm nieder; etliche aber zweifelten« (Mt 28,17).

Wenn der Zweifel nicht zugelassen wird – wie dies bei jenen Fundamentalisten der Fall ist, welche die Bibel als mehr oder minder wörtlich von Gott offenbart (verbalinspiriert) verstehen –, wird das Christentum zu einer Religion des Aberglaubens.

Die Lehre von Gott, die Theologie, ist dort, wo sie nicht Ergebnis historisch-kritischer Forschung ist, von großer Beliebigkeit. Insbesondere in den USA gebe es mittlerweile Theologien für jede Gemütsverfassung, konstatiert anno 2011 der protestantische Theologe Friedrich Wilhelm Graf. Hierzulande macht er »in der evangelischen Kirche einen Trend zur Infantilisierung des Christlichen« aus, »zu einem Stil religiöser Kommunikation, der sich primär an Kinder und andere vermeintlich Unmündige richtet«[1].

Damit wird die historisch-kritisch arbeitende Theologie als Wissenschaft überflüssig. Das ist insbesondere in der katholischen Kirche der Fall, wo Traditionen ebenso wenig hinterfragbar sind wie zu Dogmen erklärte Aussagen über Gott und die Welt. Zu beobachten ist dies aber auch dort, wo Ergebnisse manipulativer Techniken der Autosuggestion – etwa das »Zungenreden« (Glossolalie) oder gar psychotische Erfahrungen als »Offenbarungen« Gottes verstanden werden, wie bei den Pfingstlern und anderen fundamentalistischen christlichen Gemeinschaften. Unwissenschaftlich arbeitende Theologen aller

1. Friedrich Wilhelm Graf: Kirchendämmerung. Wie die Kirchen unser Vertrauen verspielen, München 2011.

Konfessionen verwechseln Offenbarung und Deutung. So verstehen sie das altchristliche Dogma der Trinität Gottes, das zunächst nur das christliche Gottesbild in einer vom Hellenismus geprägten Welt plausibel machen wollte und dabei zugleich auch Ergebnis eines Machtkampfes verschiedener theologischer Strömungen der Antike ist, als »Selbstoffenbarung Gottes«. Auch diese Theologen machen den Glauben unglaubwürdig.

Das Fundament christlichen Glaubens ist die Hoffnung. Sie kann im individuellen Gebet erwachsen und zur persönlichen Gewissheit werden. Dabei kann selbstverständlich auch zufälligen Ereignissen im Nachhinein ein Sinn gegeben werden. Das ist eine großartige Möglichkeit menschlicher Existenz. Diese persönlichen Gewissheiten dürfen aber redlicherweise nicht zu einer kirchlichen Lehre werden. Der Evangelist Matthäus schreibt Jesus die Weisung zu: »Wenn du aber betest, so geh in dein Kämmerlein und schließ die Tür zu …« (Mt 6,6). Das verbietet nach meinem Verständnis, in der Weise »Zeugnis« abzulegen, dass persönliche Erfahrungen Allgemeingültigkeit beanspruchen. Die Kirchengeschichte ist voller »Offenbarungen«, die nicht im stillen Kämmerlein geblieben und offensichtlich falsch sind, etwa von Weltuntergangs-Terminen.
Insbesondere die Tendenz zur Gewalt, die sich bei Fundamentalisten aller »Offenbarungsreligionen« zeigt, erfordert einen kritischen Umgang mit den als gottgegeben gedeuteten Schriften. Wir können uns mit dem Fundamentalismus der Islamisten nur dann ehrlich auseinandersetzen, wenn wir zunächst die christlichen Wurzeln des Fundamentalismus erkennen und analysieren.

2 → Was aber genau ist induktive Theorie-Bildung in der Wissenschaft?

17

> Glauben hat eine andere Qualität als Wissen. Gottes Wort und Gottes Geist bewegen und »begeistern« unseren menschlichen Geist »von außen«, also aus einer uns Menschen nicht verfügbaren Machtsphäre.

Wenn Menschen »die Natur« als unbegrenzt, als Schöpfungskraft allen Lebens, als Grund und Begründung aller allgemeingültigen Gesetze und als alleiniges Maß für die Wahrheit aller menschlichen Erkenntnis und Gewissheit definieren, dann »vergotten« sie nach meiner Plausibilität »die Natur«. Dann, aber auch nur dann ist es »logisch« zwingend, dass es keine Offenbarungen »von außen« geben kann, also kein Sachverhalt – auch kein theologischer Sachverhalt – »übernatürlich« sein oder als »Wunder« bezeichnet werden kann.

Ich aber glaube und verstehe »die Natur« als Schöpfung Gottes. Und insofern gibt es für mich ganz »logisch« naturgesetzfreie Offenbarungen Gottes an seine Schöpfung bzw. an seine Geschöpfe, gibt es »übernatürliche« Sachverhalte und »Wunder«. *Glauben* ist für mich ganz grundsätzlich nicht eine Vorstufe des Wissens und auch nicht ein Gegensatz zum *Denken*. *Glauben* ist vielmehr eine lebendige und vertrauensvolle Bindung an etwas/jemanden, das/der mir zunächst als Offenbarung »von außen«, also eben nicht aus mir selbst heraus, begegnet, mich inspiriert und auch verändert. *Glauben* hat für mich also dem Wissen gegenüber nicht eine *mindere Qualität*, sondern eine *andere* Qualität. Ich kann und will *Glauben* und *Wissen* nicht als gegenseitige Konkurrenz verstehen und nicht gegeneinander ausspielen – auch nicht in der Theologie.

Nach meinem Welt- und Menschenbild ist die Welt und ist der Mensch kein in sich geschlossenes System. Deshalb können auch »die Natur« und alle Naturgesetze für mich kein in sich hermetisch geschlossenes System bilden, eben weil sie sich nach meiner Überzeugung der Schöpfungskraft Gottes verdanken und weil Gottes Offenbarungen sie zur Wahrheit Gottes hin öffnen.

Kein Mensch kann leben, ohne dass er sich in Beziehung setzt und setzen lässt zu etwas/jemandem, das/der ihn »von außen« anspricht, berührt und bewegt. Das gilt schon in vielen innerweltlichen und zwischenmenschlichen Bereichen. Das gilt für mich ganz grundsätzlich auch in Bezug auf Gott und in Bezug auf Gottes Offenbarungen für die Menschen.

Ich fühle mich nicht dazu berufen und befähigt, Gottes Offenbarungen in nicht-christlichen Religionen und Glaubensgemeinschaften zu erforschen und zu bewerten. Gültig für mein Glauben und Denken ist: Gott hat seine absolute und ewige Wahrheit in Jesus Christus als eine lebendige, konkrete und für menschliches Glauben und Denken zugängliche Wahrheit offenbart. Diese Offenbarung wird für mich in der Bibel gültig bezeugt.

Eine vollkommene Erkenntnis dieser Wahrheit ist uns Menschen allerdings erst im zukünftigen Gottesreich zugesagt. In unserer irdischen Wirklichkeit bleiben unser glaubendes wie auch unser denkendes Erkennen immer fragmentarisch:

»Denn unser Wissen ist Stückwerk und unser prophetisches Reden ist Stückwerk. Wenn aber kommen wird das Vollkommene, so wird das Stückwerk aufhören.« (1 Kor 13,9f.)

Alle religiösen Texte – auch die der Bibel –, alle Bekenntnisschriften und dogmatischen Sätze sind für mich – da stimme ich mit Ihnen überein – »nur« als menschliches Zeugnis von der Offenbarung Gottes zugänglich, also als das Ergebnis einer Mischung von Gotteswort und Menschenwort, von Gottes Geist und Menschengeist. Insofern kann ich Ihnen auch zustimmen, wenn Sie feststellen:

»Die biblischen Bücher sind Sammlungen von Fakten und Deutungen, und damit im Lichte unseres jeweiligen Wissens interpretationsbedürftig.«

Allerdings spricht das für mich überhaupt nicht gegen eine Existenz von »übernatürlichen« göttlichen Offenbarungen, die die alten biblischen Texte »von außen« inspiriert haben und die auch uns heute »von außen« inspirieren können, wenn wir uns mit den biblischen Texten befassen.

Den Sachverhalt, dass die Bibel einerseits nicht von Gott »diktiert« ist, andererseits aber einen Schatz göttlicher Offenbarungen enthält, drückt Paulus so aus: »*Wir haben diesen Schatz in irdenen Gefäßen, damit die überschwängliche Kraft von Gott sei und nicht von uns.*« (2 Kor 4,7)

Ich stimme also zu:

Wir können schriftlich fixierte und tradierte Bibeltexte, Dogmen und kirchliche Bekenntnisse nicht »ein zu eins« mit Offenbarungen der lebendigen Wahrheit Gottes gleichsetzen und einen Zweifel-freien und Widerspruch-freien Glaubensgehorsam ihnen gegenüber verlangen. Eine sozusagen kirchlich verordnete christliche Wahrheit, die auf kritisches und selbstkritisches Denken verzichtet, führt zu blindem Buchstabenglauben oder zu einer naiven Frömmelei.

Aber ich gebe zu bedenken:

Wenn die Logik des naturwissenschaftliche Denkens und Erkennens oder gar die Gesetze der Naturwissenschaft zum Maßstab für die Existenz und für die Wirkmächtigkeit Gottes erhoben werden, dann »vermessen« sich Menschen. In meinen Augen ist das gleichsam ein moderner »Turmbau zu Babel«, der Menschen scheitern lässt und zugleich die Gefahr einer neuen Art von »Inquisition« heraufbeschwören kann.

Die Tendenz zur Gewalt, die Sie bei Fundamentalisten aller »Offenbarungsreligionen« fürchten und festzustellen meinen, diese Tendenz fürchte und erkenne ich leider auch bei all den politischen und wissenschaftlichen Ideologien, die sich ohne jede Selbstkritik als der einzig mögliche Weg zur Wahrheitserkenntnis wähnen und die sich als allgemeingültiger, unbegrenzter und für alle und alles verbindlicher Maßstab inthronisieren wollen.

Und lassen Sie mich zu guter Letzt an dieser Stelle noch »eine Lanze brechen« für eine missionarische Kirche und für missionarische Christenmenschen, wenn sie »Mission« eben nicht als unkritische Manipulation oder als eine Art »geistige und geistliche Vergewaltigung« betreiben, sondern Zeugnis geben wollen von der Gegenwart und Liebe Gottes, die ihnen in ihrem Leben offenbar geworden ist. Die einladen wollen zum Denken und Glauben – die natürlich Zweifel und Anfechtungen mit einschließen! – in einer vertrauensvollen Bindung an Gott, den Schöpfer und Herrn allen Lebens.

Bei Matthäus 6,6: »Wenn du aber betest, so geh in dein Kämmerlein und schließ die Tür zu …«, geht es Jesus bzw. dem Evangelisten doch nicht um die Verbannung aller religiösen Überzeugung und theologischen Rede in eine private Intimsphäre. Jesu Nachfolger und Nachfolgerinnen werden an vielen Stellen der Heiligen Schrift aufgefordert, öffentlich Zeugnis zu geben von dem, was sie als heilsam für ihr Leben und Sterben erfahren haben. In demselben Evangelium, das Sie zitieren, wird uns als Jesuswort an seine Jünger überliefert: *»Mir ist gegeben alle Gewalt im Himmel und auf Erden. Darum gehet hin und machet zu Jüngern alle Völker: Taufet sie auf den Namen des Vaters und des Sohnes und des Heiligen Geistes und lehret sie halten alles, was ich euch befohlen habe.«* (Mt 28,18ff.)

Ich denke, es geht uns in und mit unserer Beziehung zu Gott genau so wie in und mit unserer Beziehung zu einem geliebten Menschen: Wir können den Grund für unser Lebensglück gar nicht verschweigen. Sicherlich gehört zur Bewahrung und zum Auffrischen dieses Glücks die intime Zweisamkeit in einem stillen Kämmerlein ganz notwendig dazu, aber auch öffentlich wird uns »der Mund übergehen« von dem, was unser Herz, unseren Glauben und unser Denken erfüllt!

Sie haben mir geschrieben: »Das Fundament christlichen Glaubens ist die Hoffnung.« Gerne möchte ich Sie fragen, was Grund und Ziel Ihrer Hoffnung ist. Für mich gilt: Wenn ich nur *von dem her* und *auf das hin* hoffen könnte, was durch naturwissenschaftliche Methoden und Kriterien bewiesen und beweisbar ist, so wäre ich – um mit Worten von Paulus zu sprechen – einer der »*elendesten unter allen Menschen*« (vgl. 1 Kor 15,19). Ich brauche als Grund und als Ziel meiner Hoffnung das, was Sie »pure Spekulation« nennen, was für mich aber eine vertrauensvolle Glaubensgewissheit ist: Gottes Wort und Gottes Geist bewegen und »begeistern« unseren menschlichen Geist »von außen«, also aus einer uns Menschen nicht verfügbaren Machtsphäre. Diese Machtsphäre nennt die Bibel »Reich Gottes«. Viele Christinnen und Christen – wie ich – glauben, dass durch das Leben, Sterben und Auferstehen von Jesus Christus das Reich Gottes schon mitten in unserer irdischen Wirklichkeit angebrochen ist und für uns Menschen *erfahrbar* werden kann – was meiner Ansicht nach aber nicht zugleich bedeutet, dass für diese Erfahrung allein und zwingend (natur)wissenschaftliches Forschen und Erkennen wegweisend wären.

Wir müssen uns Bilder von der Welt machen, die nicht die Welt sind, sondern Deutungen. / Wir verlassen uns im Alltag auf die Naturgesetze und haben dennoch archaische Weltbilder.

Eine der ältesten Antworten der Menschheit auf die Frage nach dem *Warum?* ist das »Konzept Gott« (so der Gehirnforscher Wolf Singer). Die Verursacher der in der Natur wirkenden Kräfte wurden bereits in der Altsteinzeit als Gottheiten angesehen. Die spirituelle Menschheitsgeschichte begann also mit der Vergottung der Natur und der darin wirkenden Kräfte. Heute können wir diese Kräfte genauer beschreiben und deren Wirkungen erklären. Wir wissen, dass die Welt und das Leben aus dem Zusammenwirken von Zufall und Notwendigkeit entstanden sind – und sich gesetzesmäßig fortentwickeln. Warum das so ist, wissen wir nicht. Die Welt als »Schöpfung« zu verstehen ist eine – unwiderlegbare – Deutung. Sie lässt allerdings dieselben Fragen offen, die auch die Naturwissenschaften nicht beantworten können. Etwa: Was war »vorher«, oder: Was ist »außerhalb«?
Sie kritisieren, dass Menschen die Natur »als unbegrenzt definieren«. Möglicherweise missverstehen wir uns hier. Wahr ist: Wir kennen die Grenzen der Natur nicht. Was sind denn »Grenzen« eines sich – nach der Erkenntnis, die mit dem Physik-Nobelpreis 2011 ausgezeichnet wurde, immer rascher – ausdehnenden Universums? Ein Ereignis, das heute, 13,82 Milliarden Jahre nach dem Urknall, in einer Entfernung passiert, die *größer* ist als unser gegenwärtiger Beobachtungsradius – nach heutigem Wissen ungefähr 45 Milliarden Lichtjahre –, werden wir *niemals* sehen können. Es wird also niemals eine kausale Auswirkung auf die Erde haben. Der wegen seiner raschen

Ausdehnung nicht beobachtbare Teil des Universums ist kausal nicht mehr mit unserem, wenngleich zeitverzögert, zu beobachtenden Teil des Universums verbunden, da sich auch Kausalität nur höchstens mit Lichtgeschwindigkeit ausbreiten kann. Ein Gott könnte seinen Sitz also nicht irgendwo »oben« in einem »Himmel« haben, wenn er gewissermaßen *online* Einfluss auf unsere Welt nehmen und sich der Naturgesetze bedienen wollte!

Wir wissen nicht, ob es nur »unser« Universum gibt oder gar ein Multiversum existiert. Und was hieße »Grenzen«, wenn es gar zahlreiche Universen geben sollte? Oder wenn – da man nun in Zeiten vor einem »Urknall« zurück*rechnen* kann – Spuren aus jener Vor-Zeit mit der Verbesserung der Messtechniken tatsächlich einmal *nachweisbar* sein sollten? Die Welt ist, da sind wir uns einig, »kein in sich geschlossenes System«. Von »übernatürlich« oder gar einem »Wunder« zu reden ist deshalb, also wegen unseres prinzipiell begrenzten Wissens unsinnig, unlogisch. Selbstverständlich kann man Geschehnisse, die einem widerfahren, etwa die Geburt eines Kindes, als Wunder *deuten*.

Jeder gesunde Mensch verlässt sich darauf, dass in der Welt die Naturgesetze gelten. Sogar solche Gesetze, die wir zwar in der Sprache der Mathematik beschreiben, uns aber nicht vorstellen können. Auch Sie, lieber Herr Schneider, verlassen sich, wenn Sie im Auto einen Navigator verwenden, auf die Richtigkeit der Relativitätstheorien; Voraussetzung dafür, dass das GPS (*Global Positioning System*) funktioniert. Insofern, wegen der Relativität von Raum-Zeit, ist es zum Beispiel problematisch, von Gottes »Gegenwart« und gleichzeitig davon zu reden, dass er sich »von außen« offenbare.

Mit zunehmendem Wissen wird, was in früheren Zeiten als »Wunder« galt, natürlich erklärbar. Dennoch existieren archaische Weltbilder auch in »aufgeklärten« Gesellschaften weiter – etwa die der Astrologie.

Die Vorstellung, es gebe »naturgesetzfreie Offenbarungen Gottes«, ist eine Weltdeutung aus vorwissenschaftlicher Zeit. Angenommen, es gäbe gelegentlich den Einbruch einer naturgesetzfreien Welt in die unsere. Dann könnten wir nicht mehr auf die Verlässlichkeit der Naturgesetze bauen. Also nicht mehr sicher sein, dass auch morgen die Sonne aufgeht. Wir müssten fürchten, dass diese einmal »verschluckt« wird und die Erde in einer solaren Finsternis zurückbleibt, was die Menschen einst nur mit zum Teil grausamen Ritualen verhindern zu können glaubten. Das »funktionierte« natürlich immer und »bestätigte« diese Rituale!

Wer an »naturgesetzfreie Offenbarungen Gottes« glaubt, muss begründen können, warum dieses eine göttliche Offenbarung ist, jenes aber nicht. Alle christlichen Gemeinschaften berufen sich auf die zum Teil unsinnigsten »Offenbarungen«. Welches ist der Maßstab, anhand dessen man sie voneinander unterscheiden kann?

Wir wollen gewiss beide nicht, dass die Evangelische Kirche zu einer Gemeinschaft für Ungebildete oder bestenfalls gebildete Dummköpfe wird, wie die Katholische (was nach meinem Verständnis die notwendige Folge des *Sacrificium intellectus* ist). Das heißt für mich, wie für den Apostel Paulus, »prüfet alles«. Und diese Prüfung lässt mich oftmals zu den althergebrachten Lehren im Lichte heutigen Wissens sagen: So nicht! Was die Idee einer »Offenbarung« angeht, überzeugt mich, wie gesagt, die Deutung des Schweizer katholischen Theologen Othmar Keel, eine Offenbarung sei ein »kreativer Einfall«. Das heißt, hier passiert etwas *in* einem Menschen, geschieht nichts von *außen*. Auch dabei ist man gezwungen, alles zu prüfen. Aber man muss nicht »naturgesetzfreie« Löcher in der Welt annehmen. Im biblischen Mythos formuliert: Der Mensch hat vom Baum der Erkenntnis gegessen. Er darf also auch getrost seinen Erkenntnissen vertrauen.

Denken setzt Logik voraus, im Gegensatz zum Glauben. Bis zur Aufklärung verbanden Theologen Glauben und Denken weitgehend *ohne* Wissen, mit zum Teil schrecklichen Konsequenzen. Das Ziel unseres Wortwechsels sollte sein, da sind wir uns einig, Glauben und Denken nach *bestem Wissen* zu verbinden.

Glauben und Denken sind beides Folgen unserer natürlichen Veranlagung, die Welt deuten zu müssen, sich also Bilder der Welt, und dazu gehören auch Theorien oder Beschreibungen in Worten, zu machen, um handeln zu können. Anders als etwa ein Schmetterling sieht der Mensch nämlich nicht, was er »sieht«, sondern was sein Gehirn als jene die Sinnesreize zunächst verarbeitende Instanz ihn sehen lässt. Das ist die jedermann erkennbare Ursache zum Beispiel für optische oder auch akustische Täuschungen. Das Problem aller Weltdeutungen ist, dass wir uns Bilder von der Welt machen, die nicht die Welt sind – und beides leicht miteinander verwechseln.

Ich verstehe, wie Sie, die Bibel als »Offenbarung« – aber eben nicht als »von außen« oder gar »von oben« gekommen, sondern von Menschen verfasst, die vom »Baum der Erkenntnis« gegessen haben. Allerdings muss die Bibel, auch da sind wir einer Meinung, interpretiert werden.

Die Gesetze der Naturwissenschaften sind ein Maßstab, um zu verhindern, dass die Theologie im Aberglauben versinkt. Sie sind, das sehe ich wie Sie, kein Beweis für die Existenz oder Nichtexistenz Gottes. Wohl aber dafür, ein »So nicht!« zu erkennen. Man darf, meine ich, den christlichen Fundamentalismus, der ein Zeugnis von Bildungsarmut ist, nicht verharmlosen, auch wenn es zutrifft, dass die Deutung naturwissenschaftlicher Erkenntnisse zu einer Ideologie führen kann. Ein Beispiel dafür ist die biologisch (aber eben falsch, wie wir heute wissen!) begründete Rasse-Ideologie.

Die Kirchengeschichte mit der Verbindung von Mission und Gewalt ist jedenfalls auch eine Kette von Schrecknissen. Wundersamerweise ist dabei die Botschaft Jesu nicht untergegangen. Es gibt, und hier widerspreche ich Ihnen, keine »Inquisition« neuer Art, die durch naturwissenschaftliche Erkenntnis provoziert würde; wohl aber immer noch die tatsächliche Inquisition der Glaubensbehörde im Vatikan. Beispiel für deren Opfer sind die Befreiungstheologen in Lateinamerika, oder in Deutschland Hans Küng, Eugen Drewermann, Gotthold Hasenhüttl oder Uta Ranke-Heinemann. Der Umgang der Evangelischen Kirche mit Gerd Lüdemann war freilich nicht besser. Wir werden darauf noch zu sprechen kommen.

Sie zitieren den »Taufbefehl« im Matthäus-Evangelium (»Matthäi am Letzten«), die Begründung für die christliche Mission. Dazu muss man unseren Lesern, wie ich meine, aber auch sagen, dass dieser »Befehl« sowie die Erzählung von Christi Himmelfahrt im ältesten Evangelium, dem des Markus, ursprünglich nicht stehen. In einer Anmerkung der revidierten Fassung der Luther-Bibel von 1984 wird der Leser eigens darauf hingewiesen, dass die Verse 9–20 erst im 2. Jahrhundert hinzugefügt worden sind. Die historisch-kritische theologische Forschung geht selbstverständlich davon aus, dass diese Sätze nicht von Jesus nach dessen Tod am Kreuz gesprochen worden sind.

Auch naturwissenschaftliche Erkenntnisse können, wie gesagt, zu einer Ideologie werden. Die Geschichte lehrt uns: Jegliche wissenschaftliche Arbeit, die Theologie eingeschlossen, muss kritische Selbstreflexion voraussetzen; einerseits, um Fehler zu vermeiden, andererseits, um nicht die Würde von Mensch und Tier zu verletzen, ja um die Schöpfung vor ihrer Vernichtung durch den Menschen zu bewahren. Die Maximen der Genesis, »Seid fruchtbar und mehret euch« oder »Macht euch die Erde untertan« entfalten heute nämlich in ihrer naturwissenschaftlich-technischen Konsequenz ein zerstörerisches Potential.

Erkenntnis kann immer missbraucht werden. Da der Mensch sich, wie beschrieben, Welt-Bilder machen *muss*, sollte Ideo-

logie-Kritik ein notwendiges Gegengewicht sein; ein Bildungs-
ziel, auch für religiöse Bildung.

Und noch etwas zum Fundamentalismus: Es geht nicht nur um
die *Tendenz* zur Gewalt, sondern um die tatsächlich *ausge-
übte* Gewalt im Namen Gottes. US-Präsident George W. Bush,
ein »wiedergeborener« Protestant der *Southern Baptist Church*,
hat seinen Krieg gegen den Irak mit dem – ihm angeblich of-
fenbarten – Wissen um den Willen Gottes begründet, wie einst
Papst Urban II. den Ersten Kreuzzug.

Jesus hat sich offenkundig aus heute noch gültigem Grund
gegen das öffentliche und demonstrative Beten gewandt.
Die katholische Kirche veranstaltete jüngst in Deutschland einen Gebetsmarathon gegen den Priestermangel! Gebets-
mühlen im tibetischen Lamaismus oder die Litaneien katholischer Prozessionen oder die Rosenkranz-Wiederholungen sind
von gleicher Qualität. Desgleichen: Gebets-Ketten in fundamentalistischen evangelischen Gemeinschaften. Die dahinter
steckende Vorstellung: Viel hilft viel, führt auch zum Arzneimit-
tel- oder zum Pestizid-Missbrauch. Die Tradition der öffentlichen und demonstrativen Gebets-Rituale ist jedenfalls nicht
jesuanisch zu begründen, sondern nach seinem Tod entstanden. Damit will ich aber das gemeinschaftliche Gebet, ganz
besonders in Zeiten der Not, keineswegs abwerten.

Die christlichen Kirchen haben ihre eigene Begrifflichkeit entwickelt, die offenkundig nicht mehr reflektiert wird. Im norma-
len Leben gilt *Leicht*gläubigkeit als dumm, anders als *Gut*gläubigkeit. Nur die Kirchen verkünden *Leichtgläubigkeit* als
Tugend, indem sie daraus *Glaubensstärke* machen. Der Begriff
»Glaubenszeuge« ist eine frühchristliche Erfindung. Der Glaubenszeuge bezeugt, dass er etwas glaubt, und sei es der
größte Unsinn. Um das zu erkennen, genügt es, auf die Katholische Kirche zu schauen oder auf die fundamentalistisch-evan-
gelischen Kirchengemeinschaften, zum Beispiel in den USA.
Glaube ist kein Wert an sich. Und damit auch nicht »Glaubens-

stärke«. Entscheidend ist, *was* der Mensch glaubt und *warum*.
Die christlichen Kirchen berufen sich auf das »Zeugnis« der
Bibel. Und wenn sie diese unkritisch lesen, bezeichnen sie sich
als »bibeltreu«.

Wir haben nichts anderes als die biblischen Bücher. Dennoch
ist dies eine missverständliche Aussage. Denn das Neue Testament ist nur von Menschen geschrieben worden, die Jesus *nicht*
persönlich gekannt haben. Paulus, dessen Briefe die ältesten
biblischen Schriften sind, kannte immerhin die Jünger Jesu. Die
Evangelien sind jedoch verfasst worden, als wahrscheinlich kein
Zeuge der Geschehnisse um Jesus mehr lebte. Und wenn die
Evangelisten, wie anzunehmen, schriftliche Unterlagen (die von
den Theologen vermutete berühmte Quelle Q) nutzten, so zi-
tierten sie diese, um jeweils ihre Deutung des Lebens und der
Botschaft Jesu zu belegen.

Paulus hat das nur »stückweise« Erkennen betont und dagegen »Glaube, Hoffnung, Liebe« gesetzt. Für mich gehört das
zusammen mit dem Bild eines liebenden Gottes, wie es uns
Jesus gedeutet hat. Die Kirche hat es bewahrt, Christen leben
damit und bauen darauf seit 2.000 Jahren. Deshalb gehöre
ich bewusst, und nicht nur hinein-geboren, dazu.

Es gibt nicht nur intellektuelles Wissen, es gibt auch existentielle Gewissheit. Diese ist eine Frucht des Glaubens.

Die Welt als »Schöpfung« zu verstehen ist – da stimme ich Ihnen zu – eine *Deutung*, die naturwissenschaftliche Erkenntnis nicht widerlegt und nicht ersetzt. Diese Deutung versucht, eine Antwort zu geben auf Fragen, die nicht in den Bereich der Naturwissenschaften fallen, etwa auf Fragen nach dem »außerhalb« unserer Natur und Welt, ebenso auf Fragen nach dem »Vorher« und »Nachher« unseres Lebens. Und wenn diese deutenden Antworten für Menschen zu einer Glaubens*gewissheit* werden, dann heißt das für mich nicht notwendig, dass sie naturwissenschaftlich überprüfbar und beweisbar sein müssen. Ich unterscheide *wissen* und *gewiss sein* eben dadurch, dass ich Letzteres nicht den naturwissenschaftlichen Kriterien unterwerfe.

Ich gehöre nicht zu denen, die *wissen*, ob die Welt und das Leben aus dem Zusammenwirken von Zufall und Notwendigkeit entstanden sind. Ich bin vielmehr der Überzeugung, dass Menschen das gar nicht wissen können. Ihr Satz »Wir wissen, dass die Welt und das Leben aus dem Zusammenwirken von Zufall und Notwendigkeit entstanden sind« ist für mich ebenso eine *Deutung* wie für Sie mein Glaubensbekenntnis »Ich glaube, dass sich die Welt und alles Leben dem Schöpfungswillen Gottes verdanken«.

Ich bin *gewiss*, dass die Welt und das Leben von Gott gewollt in seiner Machtsphäre entstanden und gehalten sind. Aus diesem Grund ist die Welt für mich »kein in sich geschlossenes System«. Nicht nur, weil unser Universum sich noch weiter ausdehnt oder weil unsere naturwissenschaftlichen Erkenntnisse noch lange nicht am Ende sind, sondern weil die Machtsphäre Gottes nicht an den Grenzen unseres Universums endet oder gar durch unsere Naturgesetze begrenzt und gebunden wäre. Und insofern ist es für mich in keiner Weise »unsinnig« und »unlogisch«, von einem übernatürlichen »Wunder« zu reden.

Nicht weil oder wenn bestimmte Geschehnisse mich überraschen, überwältigen und/oder begeistern, deute ich sie als Wunder. Ich deute Geschehnisse, die mir widerfahren, dann als Wunder, wenn ich darin das Wirken Gottes bzw. die Kraft seines Geistes – »von außen«! – zu erkennen meine. Und das gilt auch für Geschehnisse, die aus dem Zusammenspiel naturgesetzlich bestimmter Abläufe hervorgehen.

Selbstverständlich *verlasse* ich mich in meiner praktischen Welt auch darauf, dass Naturgesetze gelten. Aber diesem »praktischen Verlassen« ist nicht die Dimension zu eigen, die in meinem Bekenntnis mitschwingt, wenn ich sage: »*Ich verlasse mich auf Gott.*«

Ich *verlasse* mich mit meinem »stückweisen« Erkennen und in meinem »Glauben, Hoffen und Lieben« darauf, dass Gott das Leben *und* Sterben der Menschen in seiner Hand hält. Im Angesicht des Todes getrost zu leben, vermag ich nicht aufgrund der Erkenntnis, dass die Energie und Lebenskraft von Verstorbenen Bäume und Blumen düngen und Teil eines großen natürlichen Lebenskreislaufes bleiben. Ich will mich darauf *verlassen*, dass meinen geliebten Verstorbenen in Gottes Ewigkeit ein neues Leben in Bewahrung ihrer Identität geschenkt ist.

Ich brauche nicht die absolute Sicherheit, dass auch morgen die Sonne aufgehen wird. Denn es mag sein, dass Gott schon morgen entscheidet, Erde und Himmel neu zu schaffen. Es steht nicht in meiner Macht, Zeit und Stunde für die Vollendung des Gottesreiches zu berechnen oder gar zu entscheiden. Aber ich verlasse mich auf die biblischen Verheißungen, dass

»vor« und »nach« und »außerhalb« unserer Welt und unseres Lebens nicht das »Nichts«, sondern Gottes Reich war und ist und kommt.

Um es auf den Punkt zu bringen:

Ich glaube an »Offenbarungen Gottes«, die außerhalb der kreativen Leistungen des menschlichen Gehirns entstehen und in die naturgesetzlich bestimmte Welt hineinwirken. Das gerade ist das Spezifische der »Offenbarung«: außerhalb der Natur »aus Gott« entstanden und in die Natur vermittelt, so dass sie für Menschen verständlich wird. In Christus wird Gott für Menschen verständlich.

Mag sein, dass nach Ihrer Plausibilität mein Glauben damit einer vorwissenschaftlichen Zeit zuzurechnen ist. Nach meiner Plausibilität aber macht es keinen Sinn, an einen Gott zu glauben, dessen Wirkmöglichkeiten den Naturgesetzen unterstellt sind. Ich muss mein Denken nicht dazu zwingen, um Gottes willen »naturgesetzfreie Löcher« in der Welt anzunehmen. Mein Glauben und mein Denken sind sich »einig« in der demütigen Erkenntnis: Gott ist nicht vollständig zu fassen und nicht widerspruchsfrei zu begreifen mit menschlicher Logik und den Gesetzmäßigkeiten unseres wissenschaftlichen Forschens und Erkennens.

In meinem Bericht für die Landessynode 2012 der Evangelischen Kirche im Rheinland habe ich das so formuliert:

Der Glaube, dass Gott noch heute zu uns Menschen spricht, »... bedeutet meines Erachtens nicht: Wir machen unsere Rede von Gott kompatibel mit dem naturwissenschaftlichen Denken und mit den Gesetzen der Logik. Denn wir verkleinern Gott, machen ihn unserem Weltbild konform, wenn wir ihn nach unserem menschlichen Maß begrenzen und festlegen. Und wir vergötzen damit gleichzeitig den menschlichen Geist und die Naturwissenschaft.

Ein spannungsfreies Gottesbild und eine spannungs- und widerspruchsfreie Rede von Gott werden der Gottheit Gottes, aber auch der Menschlichkeit des Menschen und der Wirklichkeit unserer Welt nicht gerecht.«

Lassen Sie mich deshalb das von Ihnen formulierte Ziel unseres Wortwechsels um das für mich unverzichtbares Wort »Gewissheit« ergänzen:

»Das Ziel unseres Wortwechsels sollte sein, da sind wir uns einig, Glauben und Denken nach *bestem Wissen und nach der uns tragenden Gewissheit* zu verbinden.«

»Erkenntnis kann immer missbraucht werden« – dieser Satz von Ihnen gilt sowohl für das theologische wie für das naturwissenschaftliche Forschen, Denken und Erkennen. Es macht für mich wenig Sinn, wenn wir Beispiele für den Missbrauch auf der einen oder der anderen Seite suchen und entweder gegen »Bibel-Treue« oder gegen »Naturgesetz-Treue« ins Feld führen.

Deshalb verlangt auch der Satz »Die Gesetze der Naturwissenschaften sind ein Maßstab, um zu verhindern, dass die Theologie im Aberglauben versinkt« meines Erachtens nach einer Ergänzung: »Der Glaube an die Geschöpflichkeit des Menschen ist ein Maßstab, um zu verhindern, dass die Naturwissenschaft zu einer menschenfeindlichen Ideologie wird.«

Ich lese und verstehe die Bibel eben nicht nur als »Menschenwerk«, verfasst von Menschen, »die vom Baum der Erkenntnis gegessen haben«. Für mich bezeugen Menschen in den Schriften des Alten und Neuen Testaments Offenbarungen Gottes, die ihnen »von außen« zugekommen sind.

Wenn Paulus von einem »Schatz in irdenen Gefäßen« schreibt, dann meint er doch gerade das:

Gottes Wort – der Schatz! – verbindet sich mit Menschenworten – mit den irdenen Gefäßen! –, und Menschen mussten und müssen deshalb prüfen und deuten und interpretieren, aber auch beten und hören, um zu erkennen, was sie in den konkreten Menschenworten als Gottes Wort für ihr Leben und ihre Zeit glauben, verstehen und erkennen.

Ich stimme Ihnen zu: Jesus hat uns nach den Zeugnissen der Bibel das »Bild eines liebenden Gottes« vermittelt. Das ist das Fundament auch meines Glaubens, Hoffens und Liebens.

Aber hätte sich Jesu Glaube beschränkt auf das Bild eines Gottes, der »nur« im Rahmen der Naturgesetze handeln, heilen und helfen kann, dann hätte Jesus sich wohl kaum bewusst auf seinen Leidensweg einlassen können. Und wir müssten alle seine Leidensankündigungen, die sich mit seiner Auferstehungshoffnung verbanden, als »unechte« Jesus-Worte aus den Evangelien eliminieren.

Gerade mein Blick auf das Leben, Sterben und Auferstehen Jesu Christi lässt mich – mit meinem Glauben und mit meinem Denken – die Unzulänglichkeit der Logik und der Naturgesetze für ein getrostes Leben und Sterben erkennen.

Im Kern geht es bei diesem Gesprächsgang um die Frage, ob Gott als eine »Realität« verstanden werden kann, die außerhalb der Natur existiert oder ob »Gott« ein Konstrukt des menschlichen Geistes ist.

Wir »verkleinern« Gott, wenn wir die alten Mythen als Zeugnisse ansehen und nicht als Deutungen begreifen. / »Bibeltreue« ist ein Kampfbegriff gegen die historisch-kritisch arbeitende Theologie.

In zwei Welten zu leben ist schizophren. Als ein derart gespaltener Deutungs-Akrobat kann ich nicht leben. Darum mein fortdauerndes Bemühen, die naturwissenschaftlichen Erkenntnisse (sowie die anderer Wissenschaften wie der Geschichtsforschung) mit meinem christlichen Glauben zu vereinbaren. Es bleiben dabei Fragen, die nicht zu beantworten sind. Denn wir können weder die Welt wirklich verstehen, noch gar Gott begreifen.

Dennoch muss unser Bemühen intellektuell redlich und darf nicht frommes Geschwätz sein; nicht »nichtsnutzig«, um Jesus nach Matthäus (12,36) zu zitieren.

Bereits der griechische Philosoph Demokrit hatte die damals geniale Eingebung: »Alles, was im Weltall existiert, ist die Frucht von Zufall und Notwendigkeit.« Der Medizin-Nobelpreisträger von 1965, Jacques Monod, hat daraus den Buchtitel »Zufall und Notwendigkeit« (Piper 1971) gemacht, auf den ich mich bezogen und dargestellt habe, was heute in den Naturwissenschaften unbestritten ist: Zufall und Notwendigkeit bestimmen die Evolution. Die christlichen Fundamentalisten und insbesondere die »Kreationistische Internationale« (Friedrich Wilhelm Graf) bestreiten dies, allerdings mit nicht-wissenschaftlichen Begründungen.

Natürlich ist es möglich, sich ein persönliches Weltbild zu schaffen und innerhalb von dessen Prämissen logische Aussagen zu machen. Mein Großvater, ein Pfarrer, Jahrgang 1874, ironisierte dies mit dem »Bekenntnis«: »Ich glaube an den Osterhasen. Und er hat mir auch immer was gebracht.«

Es ist also völlig legitim, wenn Sie »Geschehnisse, die aus dem Zusammenspiel naturgesetzlich bestimmter Abläufe hervorgehen«, für sich selbst als Wunder deuten, wenn Sie »darin das Wirken Gottes ... zu erkennen« glauben. Aber ich meine, das darf nicht Gegenstand einer christlichen *Verkündigung* sein. Denn sehr leicht kann so die Welt wundersam abergläubig beschrieben werden, was einer Missachtung unserer gottgegebenen Intellektualität entspräche. Zugleich kann auch der Teufel mit dem lieben Gott verwechselt werden. Denken Sie etwa an die »Glaubenszeugnisse« evangelischer Pfarrer, die seinerzeit auf der Kanzel Adolf Hitler als den uns wunderbarerweise von Gott Gesandten zu erkennen glaubten und Gott für dieses Geschenk dankten. Nach dem Sieg über Polen sandte die Deutsche Evangelische Kirchenkanzlei am 29.9.1939 allen Landeskirchen eine Kanzelabkündigung zum »Erntedankfest«, in der für die »reiche Ernte auf Feld und Flur« gedankt wird und die »nicht weniger reiche Ernte« auf den Schlachtfeldern: »Wir danken Ihm, dass ER unseren Waffen einen schnellen Sieg gegeben hat.«

Auch ich glaube bis zur (stets angefochtenen, dennoch tragenden) Gewissheit mich in Gottes Obhut. Aber je älter ich werde, und je mehr ich weiß, desto deutlicher erkenne ich, wie falsch so viele Bilder und Deutungen sind, die uns von alters her vermittelt wurden und immer noch vermittelt werden. »Wer nichts weiß, muss alles glauben«. Das schrieb 1893 die österreichische Schriftstellerin Marie von Ebner-Eschenbach. Deshalb suche ich nach Erkenntnis und betone ich nach bestem Wissen in meiner publizistischen Arbeit immer wieder das »So nicht!«. Ich weiß allerdings aus der experimentellen Aberglaubens-Forschung, dass man Mythen nicht mit dem Aufzählen von möglichst vielen Fakten ausrotten kann. »Wer starke Überzeugungen hat, wird diese sogar noch festigen, wenn er mit

Gegenargumenten konfrontiert wird.« So jüngst die australischen Forscher John Cook und Stephan Lewandowsky in *The Debunking Handbook* (zitiert nach SZ 1.2.12). Bereits der Dichter Gotthold Ephraim Lessing (»Nathan der Weise«) wusste im 18. Jahrhundert: »Der Aberglaub', in dem wir aufgewachsen, verliert, auch wenn wir ihn erkennen, darum doch seine Macht nicht über uns.« Wir sind nämlich alle von gestern; insofern, als wir die Welt und die Weltsicht unserer Vorfahren mit uns herumschleppen, weil wir damit bereits aufgewachsen sind. Nur wenige Menschen bestimmen die Weltbilder der Zukunft, etwa durch fundamentale Entdeckungen oder Erkenntnisse: Zum Beispiel Nikolaus Kopernikus, oder Charles Darwin, oder Albert Einstein, oder Jesus von Nazareth. Alle Institutionen sind von gestern –, natürlich auch die Kirchen.

Sie selbst haben dankenswerterweise unlängst den Zweifel gerühmt.

Ich habe Ihren Bericht für die Landessynode der Kirche im Rheinland vom Januar 2012 aufmerksam gelesen und stimme Ihnen in vielem zu. Sehr nachdrücklich der Forderung, »dass wir Gottes Wort nicht dazu benutzen, uns göttliche Autorität anzumaßen, um eigene Interessen, Standpunkte und Machtansprüche durchzusetzen«. Ebenso der Aussage: »Auch theologischer Wissenschaft und kirchlicher Lehre ist es nicht geschenkt, Gotteswort und Menschenwort, Gottesgeist und Menschengeist eindeutig und klar voneinander zu unterscheiden.« Diese Klarstellung ist insofern sehr wichtig, als sie unter anderem der Anmaßung eines Lehramtes der katholischen Kirche widerspricht. Ebenso stimme ich der Aussage zu: »Die Wahrheit Gottes ist für Menschen auf dieser Erde immer nur fragmentarisch erkennbar und erfahrbar« – wobei ich ergänzen will: Sie ist auch fehldeutbar.

Wir »vergötzen« nicht den menschlichen Geist, sondern wir nutzen ihn mittels der Naturwissenschaften zur Welterkenntnis. Das ist die einzige Möglichkeit, die wir haben, und damit auch

Ausdruck unserer Gottebenbildlichkeit, auf die Sie eigens verwiesen haben. Sie sagten: »Die Heilige Schrift *bezeugt* uns die ›Gottesebenbildlichkeit‹ des Menschen.« Ich meine allerdings, sie *deutet* den Menschen so.

Ein »Vergötzen« der Wissenschaft wäre ihre Irrationalisierung. Das Prinzip naturwissenschaftlicher Arbeit ist jedoch im Gegenteil eine rationale Vorgehensweise. Nach meiner Erkenntnis ist damit das Gegenteil Ihrer Aussage richtig, und ich sage: Wir »verkleinern« Gott, indem wir die alten Mythen, die Ausdruck vorwissenschaftlicher Weltbilder sind, als biblische *Zeugnisse* ansehen und nicht beachten, dass sie *Deutungen* aus vorwissenschaftlicher Zeit sind. Manchmal in wunderbaren Bildern – wozu ich auch die Vorstellung der Gottesebenbildlichkeit zähle.

Zum Schluss-Satz Ihres letzten Wortwechselbeitrags möchte ich vorsichtig anmerken: Gott kann gar nicht »verstanden« werden. Die Bilder, die wir uns von ihm machen, sind Konstrukte des menschlichen Geistes, was nicht ausschließt, dass sie »Wirklichkeit« beschreiben; vor allem, wie ich hoffend glaube, die Bilder, die Jesus sich von Gott gemacht und seinen Jüngern vermittelt hat. Ihre große Tragfähigkeit hat sich über 2.000 Jahre erwiesen. Ich habe kein Problem damit, dies als kreative Leistungen Jesu zu bezeichnen. Und insofern wird, das sehe ich wie Sie, »Gott für Menschen verständlich«. Jedenfalls ein klein wenig. Ob Jesus wirklich »getrost« am Kreuz gestorben ist, wissen wir nicht. Wenn die Überlieferung zutrifft, dass er Psalmen gebetet hat, dann ist er unter großen Schmerzen, fragend, aber doch in der Hoffnung auf Gott gestorben.

Ich verstehe Ihre Not damit, was objektiv ein unlösbares Problem darstellt, dass ein »allmächtiger« Gott die Naturgesetze nicht aufhebt. Dies ist allerdings nicht weniger unverständlich als das Problem der Theodizee: Mehr als Hiob wissen wir immer noch nicht über den Sinn des Leidens und Sterbens. Aber, anders als in der Antike, können wir aufgrund unserer naturwissenschaftlichen Erkenntnisse heute nicht unbeschwert ein

»Außerhalb« der Natur annehmen, ohne Missverständnisse zu provozieren. Friedrich Wilhelm Graf hat Recht, wie ich meine, wenn er schreibt (FAZ 4.10.2010): »Auch deshalb nutzen viele Intellektuelle gern die Sprachbilder alten religiösen Glaubens, verschaffen sie ihnen doch die Legitimation, im Namen einer besseren Ordnung oder höheren Einsicht zu kämpfen.« Diese höhere Einsicht haben wir alle leider nicht.

»Offenbarung«, wenn man schon den missverständlichen Begriff verwendet, passiert im Kopf. Wo denn auch sonst, bitte? Die weise, hochbetagte Psychoanalytikerin Margarete Mitscherlich hatte offensichtlich kein Problem damit. In einem Interview mit *chrismon* (03.2008) sagte sie: »Auch heute spreche ich noch mit Gott ... Gott ist für mich die Wahrheit ... Vor allem sehe ich Gott nicht als Person außerhalb von mir.«

Für mich ist »Bibel-Treue« oder »Naturgesetz-Treue«, wie Sie es als Gegensatz formulieren, keine Alternative. Den Begriff »Naturgesetz-Treue« kenne ich nicht, er erscheint mir irreführend. Die Erkenntnis von Naturgesetzen kann man, wie ich, voller Staunen annehmen. Man muss sie – der übliche wissenschaftliche Prozess – zunächst anzweifeln und experimentell bestätigen oder widerlegen. »Bibeltreue« ist ein Kampfbegriff gegen die historisch-kritisch arbeitende Theologie. Auch die deutschen evangelischen Fundamentalisten (die neuerdings betonen, keine Fundamentalisten zu sein) – etwa jene von der Deutschen Evangelischen Allianz – berufen sich auf die in den USA ab 1910 erschienenen »Fundamentals«. Daher kommt der Name. Als die fünf Fundamente des christlichen Glaubens wurden damals zusammengefasst:

- Die Irrtumslosigkeit der Bibel,
- die Gottheit Jesu Christi und seine Geburt von einer Jungfrau,
- der Tod Jesu zur Sühne für die Sünden der Menschheit,
- die leibliche Auferstehung Jesu, und
- die Wiederkunft Christi.

Keine dieser Vorstellungen ist heute in der seriös forschenden Theologie unbestritten. Wenn ich von Fundamentalismus spreche, dann im Sinne dieser Definition. Infolge der Kirchenpolitik des ehemaligen EKD-Ratsvorsitzenden Wolfgang Huber, der sich dessen öffentlich rühmt, sind die Fundamentalisten in Deutschland im Zentrum der Evangelischen Kirche angekommen. Ich sehe es umgekehrt: Die Evangelische Kirche ist unter Wolfgang Huber in Richtung Fundamentalismus abgedriftet. Aus der, im Lichte heutiger Erkenntnisse absurden, Vorstellung einer Irrtumslosigkeit der Bibel ist der gleichwertige Begriff der »Bibeltreue« entstanden. »Bibeltreue« Fundamentalisten betreiben hierzulande immer mehr Schulen und sogar staatlich anerkannte Hochschulen. Die im Rahmen der Evangelischen Allianz arbeitende Freie Theologische Hochschule Gießen zum Beispiel bezeichnet sich als »bibeltreu« und bekennt sich zur »völligen Zuverlässigkeit« der Bibel – um das Wort »Irrtumslosigkeit« aus rechtlichen Gründen neuerdings zu vermeiden. Der Evangelisch-Theologische Fakultätentag war so mutig, im Oktober 2010 zu beschließen, die Examina an freikirchlichen und evangelikalen Hochschulen grundsätzlich *nicht* anzuerkennen. Von Seiten der EKD kenne ich dagegen kein Wort der Distanzierung.

Immer mehr bestimmen die Evangelikalen in den USA, die »Religiöse Rechte«, das Welt-Bild des Protestantismus: bibeltreu, unsozial und wissenschaftsfeindlich: Einen menschengemachten Klimawandel gibt es nicht, eine Evolution gibt es nicht, Homosexualität ist Sünde, ebenso Steuern für Reiche oder Krankenversorgung für Arme. Die Verhältnisse sind gewiss in Deutschland anders, was das Soziale angeht. Aber das muss ja nicht immer so bleiben.

Es darf den deutschen Protestantismus, wie ich meine, nicht gleichgültig lassen, was ein entarteter Protestantismus in den USA anrichtet. Vielmehr muss die Kirche hierzulande nach ihren fundamentalistischen Wurzeln suchen und, so meine ich, sie ausreißen. Insofern widerspreche ich Ihnen, wenn Sie es für wenig sinnvoll halten, »Beispiele für den Missbrauch auf der einen oder der anderen Seite« zu suchen. Der Internet-Dienst *confessio.de* der Landeskirche Sachsens ist da engagierter. Zum Beispiel mit der Darstellung: »Geistlicher Missbrauch in radikalen christlichen Gemeinschaften«. *Confessio* definiert: »Geistlicher Missbrauch ist der Einsatz geistlicher Autorität zum Ausbau der eigenen Machtposition«. Das gilt eben nicht nur für die Tea-Party in den USA.

Ich baue, wie Sie, auf Gott als eine Realität. Das ist meine Hoffnung. Mehr vermag ich nicht auszusagen. Von der »Existenz« Gottes zu sprechen heißt, ihn mit einem menschlichen Begriff zu beschreiben. Über ein Außerhalb der Natur können wir keine Aussagen machen. Wir wissen, dass unsere Gefühle, unsere Wahrnehmungen, unsere kreativen Einfälle und Erkenntnisse im Kopf passieren. Darüber werden wir aller Voraussicht nach in der Zukunft noch sehr viel mehr erfahren. Doch auch das, fürchte ich, wird uns nicht mehr über Gott wissen lassen. Manchmal kann man auch damit »fröhlich in Hoffnung« sein.

Glauben und Denken widersprechen einander nicht, sondern sind verschiedene Zugänge zur Wirklichkeit. Die
Bibel öffnet Wege des Erkennens, gerade weil sie gedeutet werden muss.

»*In zwei Welten zu leben ist schizophren*« – bei dieser Feststellung stimme ich Ihnen zu. Doch ich fühle mich durchaus nicht
als ein *gespaltener Deutungsakrobat* in zwei Welten, wenn ich
den christlichen Glauben als mein Lebensfundament bekenne
und dabei offen bin für naturwissenschaftliche Erkenntnisse
und Einsichten. Ich lebe mit meinem Glauben und Denken in
einer Welt. Zu ihr habe ich verschiedene Zugänge und deshalb
unterschiedliche Möglichkeiten, Erfahrungen zu machen, zu
deuten und zu bewerten. Und dabei halte ich es keinesfalls für
eine »*Missachtung unserer gottgegebenen Intellektualität*«, wenn
ich mich weigere, die Methoden und Instrumente naturwissenschaftlichen Denkens, Erkennens und Wissens als das al-
leinige Maß aller Wahrheitserkenntnis zu akzeptieren.
Beim letzten Treffen unseres Arbeitskreises Theologie/Natur-
wissenschaften hatten wir – Theologen, Biologen, Physiker,
Mathematiker und Mediziner – übrigens eine spannende Diskussion über Möglichkeiten und Grenzen der Quantentheorie.
Der Referent, ein Physiker, erklärte, dass die Physik durch die
Quantentheorie zu folgender Erkenntnis gelangt sei:
Das *Beobachtbare* bildet nur einen Teil der Wirklichkeit ab.
Der andere Teil ist die nicht messbare und nicht berechenbare
Potentialität. Außerhalb der Quantentheorie beruhen die Na-
turgesetze auf Naturbeobachtungen, die verobjektivierbar sind.
Die Quantentheorie aber eröffnet einen Raum für »Quanten-
sprünge« und für Ereignisse, die einmalig und nicht wieder-

holbar sind. Im Rahmen dieser Theorie könnte man nun die Wirklichkeit Gottes als »*die unbedingte Potentialität zum Guten*« definieren. Und indem die Physik durch die Quantentheorie Raum gibt für die Einmaligkeit von Ereignissen, hätte sie auch Raum für ein Schöpfungshandeln Gottes außerhalb der Kausalketten der Evolution. Der »Zufall« als Ausdruck der Potentialität Gottes wäre mit dieser Interpretation kein »echter« Zufall mehr, sondern eben eine Erscheinungsform des göttlichen Willens. Damit könne der Mensch in und durch die Quantentheorie Spuren Gottes entdecken!

Ich muss gestehen, meine Kenntnisse reichen bei weitem nicht aus, um diese Ausführungen angemessen beurteilen oder bewerten zu können. Mir wurde in der Diskussion allerdings klar, dass es in der Quantentheorie nicht um eine *Begründung des Glaubens* gehen kann, sondern nur um eine *Perspektive des Glaubens*. Diese Perspektive vermag vielleicht manche Gottesbilder und Gottesvorstellungen mit der Sprache und den Erkenntnissen der Naturwissenschaft zu »harmonisieren«, aber auch sie bleibt eine *menschliche* Perspektive. Und sie führt deshalb – wie alle anderen menschlichen Perspektiven – nur zu fragmentarischen und – wie Sie richtig ergänzt haben – zu »*fehldeutbaren*« Erkenntnissen der Wahrheit Gottes.

Für mich und meinen Glauben sind für die uns Menschen nur fragmentarisch und fehldeutbar mögliche Wahrheitserkenntnis zwei Gesichtspunkte unverzichtbar:

1. Beispiele für den *Missbrauch einer Erkenntnis* sprechen nicht grundsätzlich gegen diese Erkenntnis! Es gibt meines Erachtens gar keine Erkenntnis, die nicht ambivalent wäre und die nicht missbraucht werden könnte. Das gilt für theologische Aussagen und Deutungen ebenso wie etwa für die aller geistes- und naturwissenschaftlichen Forschungen.

Sowenig wie ich also mit Beispielen des Missbrauchs demokratischer Freiheitsrechte die Demokratie abschaffen will, sowenig kann und will ich mit den Beispielen des Missbrauchs theologischen Redens jeder christlichen Verkündigung über Gottes Wort und Wirken in der Welt abschwören.

2. Für mich ist die »Wahrheit Gottes« immer nur konkret erfahrbar und verkündbar. Was ich »hier und heute« in meinem gegenwärtigen Kontext als Gottes Wort für meine gegenwärtige Verkündigung erkenne, das unterscheidet sich durchaus von dem, was ich vor einigen Jahrzehnten erkannt und gepredigt habe. Aber wenn ich meine gegenwärtige Erkenntnis zum Maßstab für »richtig« oder »falsch« oder »so nicht« gegenüber allen früheren Erkenntnissen oder gegenüber der Verkündigung aller anderen Menschen machte, dann würde ich meine aktuelle und konkrete Wahrheit »dogmatisieren« oder, wie ich es gerne nenne, »vergötzen«. Mein Rühmen des Zweifels hat auch die Zielrichtung, meine eigenen konkreten Wahrheitserkenntnisse in Frage zu stellen und in Frage stellen zu lassen. »Zeugnis geben« oder »Verkündigung« ist für mich übrigens nicht zu verwechseln mit »wissenschaftlich begründet behaupten«.

Im Blick auf die biblischen Zeugnisse und den Verkündigungsauftrag der Kirche geht es mir um Erfahrungen von Menschen mit Gott und mit Gottes Wort. Das sind »natürlich« immer auch *Deutungen* von bestimmten Lebens-Erfahrungen und Welt-Erfahrungen.

Ich merke dabei immer wieder, dass und wie mir viele der alten biblischen Zeugnisse und Deutungen unverzichtbar sind – beispielsweise die von Ihnen erwähnte *Gottesebenbildlichkeit*, aber auch viele personale Gottesvorstellungen der Bibel. So kann und will ich nicht auf die Deutung verzichten, dass mir Gott »ganz persönlich« in Jesus Christus begegnet und dass eben dieser Jesus Christus uns Menschen gelehrt hat, Gott als »unser Vater« anzureden. Und mit dieser »personhaften« Gottesvorstellung hat sich Jesus ganz offensichtlich von der Psychoanalytikerin Margarete Mitscherlich unterschieden. Ich hoffe, Sie haben Verständnis dafür, dass ich mich mit meinen Gottesvorstellungen lieber an Jesus als an der durchaus von mir geschätzten Frau Mitscherlich orientiere.

Die Bibel ist für mich das unverzichtbare und tragende Fundament meines Glaubens, aber deshalb verstehe ich mich nicht als »fundamentalistisch«! Und »*Bibeltreue*« ist für mich durchaus kein »*Kampfbegriff gegen historisch-kritisch arbeitende Theologie*«. Fundamentalistische Kreise in unserem Land argumentieren zwar so, aber ich will den Begriff der Bibeltreue, die ich auch für mich in Anspruch nehme, nicht einfach preisgeben. Und mir scheint, dass Sie sich etwas verkämpfen – vor allem bei Ihren Vorwürfen gegenüber Wolfgang Huber und gegen die Deutsche Evangelische Allianz. Der Grund meiner Bibeltreue liegt nicht in der »Irrtumslosigkeit« der biblischen Texte. So wie ich ja auch nicht deshalb meiner Frau treu bin, weil sie »irrtumslos« in allen ihren Äußerungen wäre …

Ich bin der Bibel treu, weil es für mich ohne die Bibel keinen Zugang zu dem Wort Gottes gibt, das mich anspricht und mich in die Verantwortung ruft – in die Verantwortung für meine Mitmenschen und für die Welt; aber darin eben auch in die Verantwortung, von Gottes Wort Zeugnis zu geben und Gottes Wort zu verkündigen.

Zur Eröffnungsfeier der Woche der Brüderlichkeit habe ich am 10. März 2012 in Leipzig einen Vortrag gehalten zur Bedeutung des Wortes Gottes und dabei auch über mein Bibelverständnis und meine Bibeltreue reflektiert:

»Die ganze Bibel zeugt dabei nicht von einem ›an sich‹ existierenden Gott, sondern es geht immer um eine situationsbezogene und Beziehung-stiftende Auslegung seines Wortes.[1] Im Zentrum der Bibel stehen nicht Gott und sein Wesen, im Zentrum der

---

1. Vgl. Christian Link: Modelle, biblische Texte zu verstehen, in: Peter Lampe (Hg.): Neutestamentliche Exegese im Dialog. Hermeneutik, Wirkungsgeschichte, Matthäusevangelium, Festschrift für Ulrich Luz zum 70. Geburtstag, Neukirchen-Vluyn 2008, S. 33–43, 34.

Bibel steht Gottes Wort an den Menschen. Leo Adler (1915–1978), in den 60er- und 70er-Jahren Rabbiner in der jüdischen Gemeinde in Basel, hat in seinem sehr lesenswerten und leider meist wenig bekannten Buch ›Der Mensch in der Sicht der Bibel‹ daher formuliert: ›Die Bibel fragt nicht, wer ist Gott und was ist Gott. Der Gott, von dem der Prophet Jesaja verkündet, daß Seine Gedanken nicht unsere Gedanken und Seine Wege nicht unsere Wege sind, ist ein unwißbarer Gott.‹[2] Die Bibel, sagt Adler, ist vielmehr eine ›Anthropologie aus der Perspektive Gottes‹.[3] …
Gut also, dass wir die vielschichtige Bibel und nicht ein kondensiertes Wort Gottes als unsere Grundlage haben. Zeugnisse aus verschiedenen Kontexten und aus verschiedenen Jahrhunderten sind darin zusammengestellt, selbst wenn sie sich zum Teil widersprechen. Nur in ihrer Gesamtheit bietet die Bibel uns aber das Wort Gottes. Und notwendigerweise zieht uns die Bibel mit ihren Spannungen und Widersprüchen dabei in das in ihr begonnene *Gespräch* über das Wort Gottes hinein. Die Gefahr, die mit der schriftlichen Fixierung des Wortes Gottes verbunden ist, wird so begrenzt. Fundamentalistische Zugänge werden verwehrt. Wir werden vielmehr eingeladen, uns in das Gespräch der Texte hineinziehen zu lassen, die in ihrer Vielfalt doch alle den einen Gott bezeugen. So, als Gesprächsschule und in ihrer Vielstimmigkeit, bezeugt uns die Bibel die Wahrheit und die Lebendigkeit des Wortes Gottes.
Angesichts der Vielzahl der Zeugnisse des Wortes Gottes muss allerdings auch immer wieder dafür Sorge getragen werden, dass die Vielfalt nicht in eine Beliebigkeit führt. Als kanonischer Text, der für Jüdinnen und Christen jeweils grundlegende Werte normiert, steht aber eben der *verstandene Sinn* der Texte und nicht der einzelne Wortlaut als verbindliche

---

2. Leo Adler: Der Mensch in der Sicht der Bibel, München/Basel 1965, S. 69f.
3. Ebd., S. 11.

Norm im Fokus.[4] Und der jeweils verstandene Sinn der Texte muss im Diskurs immer wieder neu erstritten werden. Angesichts des Wortes Gottes sind wir also, um ein Bild von Karl Barth aufzugreifen, mit unseren ›dürren Worten‹ immer nur in der Lage ›ein Augenblicksbild eines Vogels im Fluge‹ zu zeichnen: ›Denken Sie aber […] daran‹, warnt Barth, ›daß der wirkliche, der fliegende Vogel gemeint ist und nicht das gezeichnete Rätselbild, das ich Ihnen vorlegen kann.‹[5] … Gottes Wort, so das Fazit der christlichen und jüdischen Auslegung, beendet nicht alle Diskussion. Bisweilen eröffnet Gottes Wort sogar erst die Diskussion. Gottes Wort ist keine eindeutige Instanz, die uns strittige Entscheidungen einfach abnehmen würde. Gottes Wort braucht vielmehr unsere Auslegung. Und in unserer Auslegung brauchen wir heute eine demokratische Streitkultur. Damit ist endgültig jedem fundamentalistischen Missbrauch des Wortes Gottes das Wasser abgegraben.«

In der Einschätzung des rechten amerikanischen Fundamentalismus stimme ich Ihnen ausdrücklich zu. Die gesellschaftlichen Folgen ihrer Propaganda halte ich für verheerend, und ich vermute, dass auch die Deutsche Evangelische Allianz eine nach den Vorstellungen der US-amerikanischen Fundamentalisten verfasste Gesellschaft ablehnt.

Und eine Befürchtung kann ich Ihnen nehmen: Die Stellungnahmen des Fakultätentages sind mit der EKD abgestimmt. Das gilt auch für die Weigerung, Abschlüsse der fundamentalistisch ausgerichteten Ausbildungsinstitute anzuerkennen.

Schön, dass unser Wortwechsel ein Stück weit Zeugnis gibt von der in meinem Leipziger Vortrag angesprochenen *demokrati-*

---

4. Vgl. Jürgen Ebach: Vielfalt ohne Beliebigkeit (Theologische Reden, Bd. 5), Uelzen 2002, S. 102.
5. BARTH, Der Christ in der Gesellschaft, in: J. Moltmann (Hg.): Anfänge der dialektischen Theologie. Teil 1: Karl Barth, Heinrich Barth, Emil Brunner (Theologische Bücherei, Bd. 17), München 1966, S. 3–37, 11.

schen Streitkultur um die Auslegung des Wortes Gottes. Unser Wortwechsel wird unsere Köpfe nicht unbedingt *»mehr über Gott wissen lassen«.* Vielleicht aber wird er unsere Herzen – nach biblischem Verständnis übrigens das Zentrum unseres Fühlens, Glaubens und Denkens – mehr *von Gott erfahren* lassen. In diesem Sinn will ich mit Ihnen »fröhlich in Hoffnung« sein.

MARTIN URBAN   29. MÄRZ 2012

Wer Lücken im naturwissenschaftlichen Weltbild sucht,
macht Gott zum Lückenbüßer. / Alle christlichen Fundamentalisten behaupten neuerdings, keine Fundamentalisten zu sein. / Die »Marke« Fundamentalist ist nämlich
verbrannt.

Auch ich bekenne den christlichen Glauben als mein Lebensfundament. Dessen Grundlage ist für mich, wie für Sie, lieber
Herr Schneider, die Bibel. Wir haben nichts anderes als die –
irrtumsbehaftete – Möglichkeit, die biblischen Bücher »auszu-
legen«, also immer wieder neu zu deuten. Das kann allerdings
sehr oft zu keinem eindeutigen Ergebnis führen. Für mich heißt
das in der Konsequenz auch, den Gedanken einer »Verkündigung von Gottes Wort« zu relativieren. Ich habe, wie jedermann, nur einen Zugang zur Welt: meine Sinneswahrnehmungen, mein Denken und Fühlen und die aus alledem entstehende
Erkenntnis. Einen anderen Zugang gibt es nicht.
Es war bereits eine Deutung der Schamanen in der Steinzeit,
sie könnten durch allerlei Manipulationen direkten Kontakt zu
einer Gottheit oder zu einem »Geist« gewinnen. Und obwohl
diese Vorstellung durchaus biblisch geblieben ist, finden sich
in der Heiligen Schrift auch die harten Lebenserfahrungen wieder, etwa bei Hiob (30,20): »Ich schreie zu dir, aber du antwor-
test mir nicht«, oder im Psalter (Ps 83,2): »Gott, schweige doch
nicht / Gott, bleib nicht so still und ruhig!« Und dort, wo Gott
vorgeblich redet, ist dies ein literarisches Mittel der Verfasser
der biblischen Schriften.
Sie haben Recht, das Beobachtbare bildet nur einen Teil der
Wirklichkeit ab. Nur diesen kennen wir. Doch das gilt für die
Kosmologie. Für Konsequenzen, wie sie Ihr Gewährsmann

49

zieht, scheint mir die Quantenmechanik aber kein gutes Beispiel zu sein. Denn der hier herrschende objektive Zufall lässt sich gut begründen und sogar anschaulich machen. Ich beziehe mich zur Veranschaulichung auf den genialen Physiker Anton Zeilinger[1]. Er erklärt, »dass die Natur offenbar nicht reich genug ist, um schon von vornherein Antworten auf alle Fragen festgelegt zu haben«. Zeilinger bezieht sich dabei auf Experimente mit Elementarteilchen, die durch Spalte beziehungsweise Doppelspalte geschickt werden und zwei Alternativen des Weiterflugs haben. Hier entscheidet der Zufall. Denn die Teilchen (zum Beispiel Photonen) sind einfach nicht fähig, mehr Informationen über ihr Verhalten, also welche Flugrichtung sie etwa einschlagen werden, mit sich zu führen, die man vorher »ablesen« könnte, als dies eben der Fall ist.

In den letzten Jahrzehnten haben Physiker über die Frage der »verborgenen Parameter«, sogenannte No-Go-Theoreme, nachgedacht und ihre Existenz widerlegt. Sie haben also die Vermutung widerlegt, dass die Wahrscheinlichkeitsaussagen der Quantenmechanik nur Folge der menschlichen Unkenntnis sind, aber ein allwissender Gott zusätzlich auch noch die »verborgenen Parameter« der Natur kennt und mit dieser Kenntnis der Ablauf von quantenmechanischen Systemen determiniert sei. Wenn die Quantenmechanik nicht komplett falsch ist (was empirisch mittlerweile ausgeschlossen ist), dann ist die Existenz von verborgenen Parametern in jeder sinnvollen Bedeutung davon logisch ausgeschlossen. Albert Einstein erklärte 1929 am Beispiel der kinetischen Gastheorie das Bemühen der Physiker so: »Es handelt sich … darum, die empirische Gesetzlichkeit als logische Notwendigkeit zu erfassen. Hat man nämlich einmal die Grundhypothese … angenommen, so erlebt man gewissermaßen, daß selbst Gott jene Zusammen-

---

1. Anton Zeilinger: Einsteins Schleier. Die neue Welt der Quantenphysik, München 2003.

hänge nicht anders hätte festlegen können, als sie tatsächlich sind, ebenso wenig, als es in seiner Macht gelegen wäre, die Zahl vier zu einer Primzahl zu machen. Dies ist das prometheische Element des wissenschaftlichen Erlebens.«

Christliche Apologetik bemüht sich seit Anfang des 20. Jahrhunderts, zunächst in der Auseinandersetzung mit der Erkenntnis der Evolution, Lücken in den naturwissenschaftlichen Theorie-Gebäuden zu finden. Das versuchen die Kreationisten mit Hilfe ihrer finanzstarken Institutionen in den USA immer noch, und immer noch erfolglos. Mit dieser Verfahrensweise wird jedoch Gott zum Lückenbüßer gemacht, mit der Konsequenz, dass er, sobald eine Lücke geschlossen wird, woanders Asyl finden muss. Ein ganz dummes Spiel!

Auf der anderen Seite reagierte man auf die »Bedrohung« durch die historisch-kritisch arbeitende Theologie, die so genannte Liberale Theologie, mit dem Ausstieg aus der Geschichte, indem man diese für theologisch irrelevant erklärte, so vor allem Karl Barth und Emil Brunner. »Die antihistoristische Revolution des frühen 20. Jahrhunderts muss als Versuch einer bewusst gewollten Zerstörung von zentralen Partien des Gedächtnisses der herrschenden Wissenschaft verstanden werden«, so beschreibt der Münchner Theologe Friedrich Wilhelm Graf die Konsequenzen.[2] Die »Dialektische Theologie« Karl Barths hat, meine ich, der Kirche nicht gut getan, indem sie ihre Distanz zu den Wissenschaften noch weiter vergrößerte.

Selbstverständlich haben Sie damit Recht, dass Erkenntnis missbraucht werden kann und dass dies nicht gegen Erkenntnis spricht.

Und selbstverständlich ist die jeweilige Erkenntnis eines jeden von uns nicht als »die« Wahrheit anzusehen. Ich mache allerdings einen Unterschied zwischen meinen Erkenntnissen und

---

2. Friedrich Wilhelm Graf: Der heilige Zeitgeist, Tübingen 2011.

den unstrittigen Erkenntnissen der verschiedenen Wissenschaften, also dem Stand der Forschung. In den Naturwissenschaften sind diese Erkenntnisse jeweils Ergebnis von überprüfbarer Erfahrung. Tendenziell gilt das auch für die historischen und für die Gesellschaftswissenschaften, wenngleich hier leichter Fehldeutungen möglich sind.

»Zeugnis geben« ist dagegen, da haben Sie völlig Recht, nicht zu verwechseln mit »wissenschaftlich begründet behaupten«. Aber was heißt es dann? Gewiss gehört die Formulierung heute noch zur kirchlichen »Milieu-Sprache«. Aber das ändert sich, weil das Milieu ausstirbt. Einen Gottesdienst am Sonntag besuchen derzeit in Deutschland um die 13 Prozent der Katholiken und inzwischen unter vier Prozent der Protestanten. Genauer: Die Zahl der protestantischen Sonntags-Kirchgänger in Deutschland lag (so Spiegel Online vom 11.3.2012) im Jahr 2000 bei 4,1 Prozent, 2009 bei 3,8 Prozent, 2010 bei 3,6 Prozent. »Kaum eine andere gesellschaftliche Entwicklung der letzten Jahrzehnte vollzog sich so kontinuierlich, gründlich und – wie man annehmen muss – dauerhaft wie die Abwendung der Bevölkerung von der Kirche.« So beschreibt Thomas Petersen vom Institut für Demoskopie in Allensbach die Situation (FAZ. net, 26.9.2012). An die zentralen Lehren der christlichen Kirchen glauben danach immer weniger Menschen: »Im Jahre 1986 sagten noch 56 Prozent der befragten Westdeutschen, sie glaubten, dass Jesus Christus der Sohn Gottes ist; heute sind es noch 46 Prozent. Der Glaube daran, dass Gott die Welt geschaffen hat, ist in der gleichen Zeit von 47 auf 35 Prozent zurückgegangen, der an die Auferstehung der Toten von 38 auf 30 Prozent. An die Dreifaltigkeit glaubten vor einem Vierteljahrhundert 39 Prozent, heute sind es noch 32 Prozent. Selbst unter den Katholiken bekennt sich nur noch eine Minderheit zu diesem Glaubenssatz.«

Dagegen hat nach den Untersuchungen der Demoskopen der Glaube an Wunder von 33 auf 51 Prozent zugenommen, der an die Seelenwanderung von 7 auf 20 Prozent. Schlussfolgerung von Thomas Petersen: »Das Christentum wird gleichsam von innen ausgehöhlt. Die Kernbotschaft findet immer weniger Glauben ... Etwas zugespitzt könnte man von einer schleichenden Rückkehr der Naturreligionen sprechen. Schon heute meinen 10 Prozent der Deutschen, es gebe verschiedene Götter, die alle ihre eigenen Bereiche hätten. Im Jahre 1986 gaben nur 4 Prozent diese Antwort.«

»Die Sehnsucht boomt, aber die Kirche schrumpft«, sagt der katholische Pastoraltheologe Paul Zulehner von der Universität Wien und beschreibt damit den gegenwärtigen Zustand insbesondere auch im protestantischen Deutschland. Die nachwachsenden Generationen kommunizieren über elektronische Medien – und in ihrer eigenen Sprache. »Verkündigung« von der Kanzel herab interessiert sie nicht.

Der Begriff *Bibeltreu* ist nachweisbar seit Gründung der Evangelischen Allianz 1846 in Großbritannien und 1886 in Deutschland ein Kampfbegriff gegen die historisch-kritische Bibelauslegung. Die Bezeichnung ist mittlerweile zur *Marke* geworden, zur Flagge, unter der die Fundamentalisten segeln. Charakteristisch für die deutschen evangelischen Fundamentalisten der verschiedenen Varianten ist, wie schon erwähnt, dass sie alle von sich behaupten, *keine* Fundamentalisten zu sein. Der Grund: Auch die Marke *Fundamentalist* ist hierzulande mittlerweile verbrannt. In einem globalen Internet wird nämlich kein großer Unterschied gemacht zwischen den Evangelikalen der Tea-Party in den USA und den deutschen Bibelschülerinnen aus Lemgo, die man im Jemen missionieren lässt mit für sie tödlichem Ausgang. Und es ist ja auch kaum ein Unterschied erkennbar in den Aussagen der acht protestantischen Altbischöfe Anfang 2011 oder der Christival-Verantwortlichen anno 2008 in Bremen oder der evangelikalen Fans der US-Republikaner im Präsidentschaftswahlkampf 2012: Homosexualität ist Sünde, weil es so in der Bibel steht. Die Gemeinsamkeiten zwischen islamischen und christlichen Fundamentalisten sind bemerkenswert, schon allein was den unhistorisch-unkritischen Umgang beider Gruppen mit ihren jeweils Heiligen Schriften angeht. Gemeinsam ist allen Fundamentalisten der Wille zur Macht und die Moral-Keule als Disziplinierungsinstrument.

Obwohl fast niemand mehr hingeht, wenn sonntags die Kirchenglocken läuten, sind die christlichen Kirchen Institutionen von sozusagen gefühlter Mächtigkeit geblieben. Sie nehmen zu allem und jedem Stellung und verstehen sich als moralische Wächter – ohne eine Legitimation dazu begründen zu müssen, wie diese anderen gesellschaftlichen Gruppierungen abverlangt wird. Aber *weil* fast niemand mehr hingeht und ein Diskurs mit der Welt kaum mehr stattfindet, werden die christlichen Gemeinschaften zu tendenziell autistischen, nur noch selbstbezogenen Parallelgesellschaften.

Ich bin sicher, die Evangelische Kirche in Deutschland hat keine Zukunft, wenn sie sich nicht endlich ernsthaft mit dem christlich begründeten Fundamentalismus auseinandersetzt. Sie ist sonst weder für die Intellektuellen ein Diskussionspartner, noch für die Gesellschaft eine moralische Instanz.

Wir sind uns einig, es gibt ohne die Bibel keinen Zugang zu dem Wort Gottes, das uns anspricht. Aber wir wissen nicht, was in der Bibel Gottes Wort ist – und was nur als Gottes Wort gedeutet wurde. »Gott« ist ja eine Hoffnung, »das Wohin meines Fragens« (Herbert Braun) – mit unsicheren Antworten. Deshalb ist die historisch-kritische Erforschung der Heiligen Schrift unabdingbar. Und das relativiert, wie gesagt, eine »Verkündigung«. Ich halte es dabei mit dem englische Philosophen und Theologen Wilhelm von Ockham, der Anfang des 14. Jahrhunderts die Idee entwickelte, die von den Engländern *Ockham's Razor* (Rasiermesser) genannt wird: Wenn man einen Sachverhalt auf komplizierte und auf einfache Weise erklären kann, solle man es zunächst mit der einfachen Erklärung versuchen und diese so lange beibehalten, wie sie den Fakten standhält. Ich meine, es ist eine gute Arbeitshypothese, dies auch auf die Bibel anzuwenden.

Sie haben völlig Recht damit, Gottes Wort – ich würde sagen, was wir jeweils als »Gottes Wort« verstehen – »ist keine eindeutige Instanz, die uns strittige Entscheidungen einfach abnehmen würde«. Noch wichtiger ist mir dabei, dass wir leider eben nicht Gott »bezeugen« können in der Erkenntnis, ein bestimmtes Geschehen sei Gottes Wille. Und, auch hierin haben Sie Recht, »in unserer Auslegung brauchen wir eine demokratische Streitkultur«. Ich möchte allerdings ergänzen: Demokratisch heißt, die Freiheit von Forschung und Lehre zu garantieren – was die Evangelische Kirche zum Beispiel im Fall von Gerd Lüdemann und seiner Erforschung von Leben und Sterben Jesu nicht gewagt hat. Demokratisch heißt für mich *nicht*, wissenschaftlich widerlegbare »Glaubensaussagen« etwa der Evangelikalen tolerieren zu dürfen oder gar zu müssen. Das hat nach meinem Verständnis bereits Martin Luther mit seinem »sola scriptura« gemeint, der Forderung, eine Behauptung biblisch zu begründen, wobei er damals zwar die Problematik des adäquaten Übersetzens kannte, aber noch nicht die historisch-kritische Herangehensweise. Er kannte aber bereits die esoterischen, von ihm sogenannten Schwarmgeister.

Leider ist jedoch mit einer »demokratischen Streitkultur«, anders als Sie meinen, *nicht* »endgültig jedem fundamentalistischen Missbrauch das Wasser abgegraben«. Vielmehr gehört dazu nach meiner Überzeugung die Auseinandersetzung auch mit dem Fundamentalismus in uns selbst, mit unserem eigenen Kinderglauben. Wir müssen von vielen lieb gewordenen Vorstellungen Abschied nehmen, auch solchen Bildern, die biblischen Ursprungs sind. Wenn wir den Mut haben, Aberglauben als Aberglauben zu akzeptieren, wenn wir den (manchmal auch wundersam schönen) Wunderglauben nicht mehr benötigen, können wir, können die Kirchen auch ihre intellektuellen Kritiker eher überzeugen. Die Evangelische Kirche hat sich aus aktuellem Anlass überzeugend von den – allerdings eher abstrusen als schönen – Lehren der Mormonen, der »Kirche Jesu Christi der Heiligen der letzten Tage« distanziert, der in den USA neben den Pfingstlern am schnellsten wachsenden Glaubensgemeinschaft. »Die theologischen Differenzen lassen eine Zusammenarbeit nicht zu«, so Michael Utsch zu den Mormonen (zeitzeichen, evangelisch.de, 7.3.2012). Analoges müsste für den Umgang mit den Pfingstgemeinden und anderen Glaubensgemeinschaften gelten. Zu beobachten ist, dass die von Martin Luther sogenannten protestantischen Schwärmer oder Schwarmgeister, die sich im aufgeklärten Europa nicht zurechtfanden und nach Amerika auswanderten, dort ein Biotop fanden, in dem sie sich ungebremst vermehren können. Ihre Enkel kommen als fundamentalistische Missionare zurück nach Europa.

Und seit Josef Ratzinger aus Marktl am Inn als Vorsitzender der Glaubenskongregation der Katholischen Kirche die moderne katholische Kirche in Lateinamerika mit ihrer jesuanisch-sozial engagierten »Theologie der Befreiung« kaputt gemacht hat, treten dort die Katholiken in Scharen zu den spätkapitalistischen Zielen verpflichteten Pfingstgemeinden über. In Brasilien zählt man nach Graf in den letzten zwanzig Jahren »zumeist 600.000 Konvertiten pro Jahr« – »Gesundheit und Wohlstand prämierende Frömmigkeit, die sich auf kreationistische Weltbilder stützt«. Der brasilianische Befreiungstheologe Leonardo Boff beschrieb den Zustand der katholischen Kirche unter Benedikt XVI. drastisch so: »Die Kirche von heute hat den Menschen in ihrem Alltagsleben nichts mehr zu sagen. Dieser Papst wird zum Würgeengel der Kirche« (Der Spiegel, 50, 2012).

Wir wissen nicht, welche Informationen uns unser Gehirn jeweils als Entscheidungsgrundlage zur Verfügung stellt. Bisweilen werden wir davon völlig überrascht. Das ist die neurologische Grundlage für den Glauben an Offenbarungen. Aber auch für die Erfahrung eines »Heureka« (Archimedes) – Ich habe es gefunden! – des kreativen Wissenschaftlers oder die Beobachtung eines Schriftstellers, dass seine literarischen Figuren während der Arbeit an ihnen plötzlich ein »Eigenleben« bekommen. Mit diesem Wissen lässt sich die altehrwürdige theologische Spekulation auf den Heiligen Geist beenden.

Eine Offenbarung ist, wie schon gesagt, ein Geschehen, das nicht von außen kommt, sondern im menschlichen Kopf passiert. Wenn diese Deutung allgemein akzeptiert würde, gäbe es hier keinen Dissens mehr mit den Erkenntnissen der Neurowissenschaftler und Psychologen. Damit hätten die Kirchen auch eine intellektuell glaubwürdige Möglichkeit, gegen den Aberglauben der Pfingstbewegung und anderer »Schwarmgeister« zu argumentieren, wonach der »Heilige Geist« jederzeit, gewissermaßen auf Knopfdruck, herbeigerufen werden könne.

Jeder absolute naturwissenschaftliche Anspruch an Theologie und Geisteswissenschaft muss scheitern. Die Zukunft der christlichen Kirchen liegt für mich zuerst im
Handeln Gottes und im Wirken des Heiligen Geistes.

So spannend und anregend unser Wortwechsel auch für mich
ist, bei einigen strittigen Fragen scheint mir, dass wir uns
gleichsam nur in Kreisen um unsere jeweils eigenen Positionen
drehen. Das mag daran liegen, dass es für Sie und auch für
mich in unserer Auseinandersetzung so etwas wie »Axiome«
gibt – also für uns gültige Wahrheiten, die für uns nicht zur
Disposition stehen und für uns nicht bewiesen werden müssen.
Für mich sind das – auf unseren Wortwechsel bezogen – fol-
gende Denk- und Diskussions-Voraussetzungen:
1. Es gibt nach meiner Überzeugung für Menschen nicht die
Möglichkeit einer absoluten und/oder naturwissenschaftlich
beweisbaren Erkenntnis Gottes. Über Offenbarung, Gotteser-
fahrungen, Schöpfung, Kreuz und Auferstehung Jesu Christi,
Wirken des Heiligen Geistes u. Ä. können Menschen deshalb
immer »nur« deutend denken, reden und diskutieren.
2. Für mich gilt: Auch *im* menschlichen Kopf kann etwas passieren, das *von außen* inspiriert ist. Welche Erkenntnisse auch
immer die Hirnforschung schon hat und noch gewinnen wird,
für mich können sie mein Vertrauen auf das Wirken des Heiligen Geistes nicht beenden. Theologie und christlicher Glaube
haben für mich nicht allein die Aufgabe, die menschlichen
Zugänge zur Welt – also die jeweils eigenen Sinneswahrnehmungen und das jeweils eigene Denken und Fühlen – zu reflektieren. Theologie und christlicher Glaube reflektieren auch
die uns in der Heiligen Schrift bezeugten *Zugänge Gottes* zu

uns Menschen. Und meine »gute Arbeitshypothese« ist dabei: In der Bibel begegnet mir Gottes lebendiges und mich *von außen* ansprechendes Wort.

3. Kirche ist für mich nicht in erster Linie eine »moralische Instanz«, sondern eine von Jesus Christus gestiftete und von seinem Geist begleitete Gemeinschaft. Kirche »ist« für mich die Gemeinschaft der Menschen, die ihr Denken, Fühlen, Reden und Handeln an Jesus Christus ausrichten, weil er für sie das lebendige Wort Gottes ist. Im Konkreten wird es bei dieser Ausrichtung immer auch differenzierte und differenzierende Auseinandersetzungen geben müssen (wegen Punkt 1), gerade auch im Blick auf die Ergebnisse und die Relevanz der historisch-kritischen Erforschung der Heiligen Schrift. Aber in diesen Auseinandersetzungen weiß ich mich durchaus auch mit vielen katholischen und evangelikalen Menschen als Kirche verbunden. Und deshalb möchte ich – an dieser Stelle ganz grundsätzlich – allen verurteilenden Pauschalierungen über »die« katholische Theologie und Kirche und über »den« christlich begründeten Fundamentalismus widersprechen.

Mit diesem Bekenntnis zu meinen »Axiomen« möchte ich unseren Wortwechsel nicht beenden, aber es liegt mir doch daran, meinen grundsätzlichen Dissens zu vielen Ihrer Aussagesätze noch einmal klarzustellen. Ich hoffe, dass dies für den Fortgang unseres Gespräches förderlich ist.

Konkret widersprechen möchte ich Ihrer Einschätzung, die »dialektische Theologie« Karl Baths habe der Kirche nicht gut getan, indem sie die Distanz zu den Wissenschaften noch weiter vergrößerte. Es ging Karl Barth in seiner Theologie um die ganz grundsätzliche Anerkenntnis: Gott ist der Schöpfer. Mensch und Natur sind Teil der Schöpfung Gottes – und insofern grundsätzlich von Gott unterschieden und zu unterscheiden. Theologische Aussagen müssen deshalb in ihrer Form dem nicht aufhebbaren Unterschied von Gott und Mensch Rechnung tragen. Über Gott »theologisieren« können

Menschen nur, weil Gott selbst sich in Jesus Christus offenbart hat. Aber auch im Glauben an Jesus Christus bleibt der grundsätzliche Unterschied von Gott und Mensch bestehen. Deshalb müssen wir auch unsere theologischen Erkenntnisse und Folgerungen immer wieder neu durch andere theologische Erkenntnisse und Folgerungen in Frage stellen lassen. Nur so werden wir mit unserer theologischen Rede der Souveränität und Unverfügbarkeit der Offenbarung Gottes gerecht. Deshalb können wir Menschen nicht allein in der Sprache und in den Denkstrukturen der Naturwissenschaft von der Offenbarung Gottes Zeugnis geben. Wir müssen skeptisch bleiben gegenüber all dem, was wir in unserer Kultur, Philosophie und Religion als unseren geistigen Besitz erachten – und eben auch gegenüber all' unseren wissenschaftlichen Erkenntnissen. Nach dem dialektischen Ansatz ist die historisch-kritische Rede von Gott aber durchaus notwendig, um die dogmatische Rede von Gott in Frage zu stellen. Karl Barth hat die historisch-kritische Bibelforschung nicht verworfen, sondern nur ihren Absolutheitsanspruch relativiert. Er hat für seine Zeit eine mangelnde Selbstdistanz und fehlende Selbstkritik der Wissenschaftler festgestellt und bedauert. ›Sie sind mir nicht kritisch genug, die Historisch-Kritischen.‹

Dieser dialektische Denkansatz bestimmt ganz grundsätzlich mein Denken. Deshalb liegt mir am interdisziplinären Gespräch – auch mit Ihnen –, weil mir klar ist, dass Hypothesen im Bereich der Geisteswissenschaften und der Theologie wegen der empirischen Überprüfbarkeit kategorial etwas anderes sind als im Bereich der Naturwissenschaften. Daraus leitet sich aber auch das je eigene Recht geisteswissenschaftlichen bzw. theologischen und naturwissenschaftlichen Denkens ab. Ich denke, dass naturwissenschaftlicher Anspruch an Theologie und Geisteswissenschaft scheitern muss.

Selbstkritik und Selbstdistanz, so denke ich, bleiben auch heute nötig bei allem, was wir innerhalb und außerhalb unserer christlichen Kirchen theologisch äußern und in Frage stellen. Dankbar erlebe und erfahre ich in den vielen Gottesdiensten, die ich als Präses und Ratsvorsitzender gestalte, auch von nachwachsenden Generationen ein Interesse an theologischer »Verkündigung«. Und dieses Interesse bezieht sich weniger auf die Frage, welche tradierten Glaubens- und Lehrsätze von Theologie und Kirchen Menschen heute noch mit ihrem Kopf für wahr halten können. Es geht um die Frage, ob und wie theologische Verkündigung die Herzen der Menschen für ein nachhaltiges Gottvertrauen öffnen kann. Gerade auch junge Leute erwarten von den Kirchen, dass sie ihnen zu einer Heimat werden auch für ihre emotionalen Sehnsüchte und Hoffnungen. Der Wunsch nach einer vernünftigen und wissenschaftlich kompatiblen Kirchenlehre steht für sie dabei nicht an erster Stelle. Ich möchte mit meinen Beobachtungen jetzt nicht einer sogenannten »Wellness-Theologie« und einer Verkündigung das Wort reden, die sich allein als Bedürfnisbefriedigung menschlicher Wünsche verstehen und die sich nur an der Nachfrage von Menschen orientieren. Es muss der Kirche und der Theologie zu allen Zeiten und an allen Orten bei ihrer Menschennähe zugleich fundamental und grundsätzlich um den Anspruch und den Zuspruch des Wortes Gottes gehen – und daran sollten auch unsere Meinung bestätigende oder unsere Meinung widerlegende Prozentzahlen zu der Frage »Was glauben die Menschen heute?« nichts ändern. Übrigens bewegt mich die von Ihnen häufig geforderte Skepsis gerade auch gegenüber den Ergebnissen und Folgerungen aus statistischen Erhebungen! Deshalb möchte ich aufgrund meiner Erfahrungen und meiner Überzeugung Ihrer Einschätzung widersprechen, dass die EKD keine Zukunft hat, »wenn sie sich nicht endlich ernsthaft mit dem christlich begründeten Fundamentalismus auseinandersetzt«.

Zum einen setzen sich viele in unserer Kirche angemessen mit dem Fundamentalismus auseinander. Vor allem aber entscheidet sich – da bin ich ganz sicher – die Zukunft der EKD nicht an der Auseinandersetzung kirchenleitender Menschen und Gremien mit unhistorischen und unkritischen Frömmigkeitsformen und auch nicht an der Akzeptanz von intellektuellen Gesprächspartnern – die übrigens durchaus unterschiedliche Erwartungen und Forderungen an »die« oder an »ihre« Kirche haben. Gerade bei der intellektuellen Elite gibt es viele Menschen, die an den alten und ihnen vertrauten Glaubenssätzen und Frömmigkeitsformen hängen und die es keineswegs wünschen, dass »ihre« Kirche sich anhand und aufgrund von wissenschaftlichen Kriterien von Traditionen verabschiedet. Heribert Prantl, Journalist und Ressortleiter Innenpolitik bei der Süddeutschen Zeitung, hat das in seinem Artikel »Was Kirche war, ist – und sein kann« (Süddeutsche Zeitung vom 12.05.2010), wie ich finde, ganz wunderbar auf den Punkt gebracht. Heribert Prantl schrieb: »… Kirche ist das, was es ohne sie nicht gäbe. Es gäbe keine Räume der großen Stille, der Meditation, des Innehaltens. Es gäbe keinen Raum, in dem Wörter wie Barmherzigkeit, Seligkeit, Nächstenliebe und Gnade ihren Platz haben, es gäbe keinen Raum, in dem noch von Cherubim und Serafim die Rede ist. Die Poesie der Psalmen hätte keine Heimat mehr. Es gäbe keinen Raum, in dem eine Verbindung da ist zu uralten Texten und Liedern – zu Liedern, die die Menschen schon vor Jahrhunderten gesungen, und zu Gebeten, die die Gläubigen schon vor Jahrtausenden gebetet haben. So aber ist die Kirche ein Ort, der Zeit und Ewigkeit verbindet. … Kirche ist fürwahr nicht der Himmel und die wenigsten ihrer Funktionäre sind Heilige. Sie kann aber, wenn es gut geht, ein Ort sein, an dem der Himmel offen gehalten wird. … Die Kirche ist der Ort, an dem der Himmel offen ist – nicht nur für die, die sich in der angeblich richtigen und wahren Kirche wähnen, sondern für alle, die an Gott glauben, und für alle, denen der offene Himmel lebenswichtig ist.«

Die Zukunft der christlichen Kirchen – und auch die Zukunft der Evangelischen Kirche in Deutschland – liegt für mich zuerst im Handeln Gottes und im Wirken des Heiligen Geistes. Denn nur das – nicht aber wissenschaftliches Forschen oder eine aufklärende Bildung – vermag für uns Menschen den Himmel zu öffnen. Dem nachgeordnet liegt die Zukunft der Kirche dann auch in unserem menschlichen Reden, Entscheiden und Handeln. Und mir ist durchaus bewusst, dass ich mitverantwortlich bin für theologisch qualifizierte Auseinandersetzungen und für eine demokratische Streitkultur in unserer Kirche.

Demokratisch heißt für mich allerdings nicht, dass jede »Bekenntnisgruppe« in unserer Gesellschaft – also Parteien, Gewerkschaften und auch die Kirchen und kirchliche Gruppierungen – in ihren eigenen Reihen jeweils alle »wissenschaftlich belegten« Überzeugungen akzeptieren und verantworten müssten.

Es gehört zu den demokratischen Spielregeln unserer Gesellschaft, dass bestimmte Gemeinschaften bestimmte Bekenntnisse für sich und besonders für ihre hauptamtlichen Vertreter und Vertreterinnen als verbindlich erachten. Welche Bekenntnisse das dann in den Evangelischen Kirchen in Deutschland sind, entscheiden nicht einzelne Intellektuelle, sondern Synoden. Es geht gerade in dem von Ihnen erwähnten Fall von Gerd Lüdemann meines Erachtens nicht darum, dass die Kirche ihn zwingen wollte, »wissenschaftlich widerlegte Glaubensaussagen der Evangelikalen« zu vertreten. Sondern es geht für mich um die Frage, wann und wo sich unsere Kirche durch ihre Theologie soweit selbst säkularisiert, dass sie weder dem Auftrag Christi noch der Sehnsucht der Menschen nach einer spirituellen Heimat gerecht werden kann.

Ich bin durchaus nicht der Ansicht, dass durch die Bekenntnisse unserer Kirchen der Heilige Geist »gewissermaßen auf Knopfdruck« herbeigerufen werden könnte. Aber die Bekenntnisse unserer Kirchen haben für mich eine grundsätzlich andere Qualität als die Erkenntnisse einzelner Theologen und

Fachwissenschaften. Und ich bin zumindest irritiert, wenn aufgrund von neurowissenschaftlicher und psychologischer Erkenntnisse der Glaube an eine »von-außen-Wirkkraft« des Heiligen Geistes mit Aberglauben und Schwarmgeisterei identifiziert wird. Hier bin ich ganz entschieden und sicher: Wenn unsere Kirche diesen Glauben aufgibt, dann hat sie keine Zukunft mehr.

Wir sollten auch unsere Grundsätze in Frage stellen. / Die
Geschichte christlicher Gewalt gegen Unmündige und
Andersdenkende ist vor allem eine Geschichte des christ-
lichen Fundamentalismus.

Sie, lieber Herr Schneider, setzen unseren Disput fort mit dem
Bekenntnis zu »Wahrheiten, die für uns nicht zur Disposition stehen und für uns nicht bewiesen werden müssen«. Ich meine,
wir sollten auch unsere Grundsätze gegenseitig in Frage stellen
dürfen und sehe das so: Zunächst einmal weiß ich, wie Sie, mit
dem Apostel Paulus: »Unser Wissen ist Stückwerk« – und wird
es immer bleiben. Antworten auf die Grundfragen nach dem
Warum unserer Existenz führen zu immer neuen Fragen und
dies wird nie zu einem Ende kommen. Dennoch gibt es erkennbar Fortschritt im Wissen der Menschheit. Und ich meine, im
Lichte der jeweiligen Erkenntnis muss auch scheinbar gesicher-
tes Wissen immer wieder neu bedacht und begründet werden.
Ihrer Aussage, wonach es »für Menschen nicht die Möglichkeit
einer absoluten und/oder naturwissenschaftlich beweisbaren
Erkenntnis Gottes« gibt, stimme ich völlig zu und damit auch
der Konsequenz, dass wir (Ihr Punkt 1) nur »deutend reden und
diskutieren« können. Ich ergänze: Wir können prinzipiell nicht
erkennen, ob oder gegebenenfalls wie aus Nichts Etwas hat
werden können (creatio ex nihilo), aber auch nicht, ob und
eventuell wie etwas »ewig« existiert. Es gab keinen evolutio-
nären Druck, das menschliche Gehirn zu solcherart Erkenntnis
zu befähigen. Und deshalb ist auch der Atheismus nur eine
Glaubensaussage, die ich nicht teile.
Gewiss haben Sie (Ihr Punkt 2) damit Recht, dass »auch im
menschlichen Kopf« etwas passieren kann, »das von außen

inspiriert ist«. Ich kann ebenfalls Ihrem Satz zustimmen: »In der Bibel begegnet mir Gottes lebendiges und mich von außen ansprechendes Wort.« Das Problem ist nur, wir wissen nicht, was in der Bibel Gottes Wort ist, denn »die Bibel ist von Menschen geschrieben, sie ist ein menschliches Buch, und darum kann sie nicht anders gelesen und verstanden und nicht nach anderen Methoden ausgelegt werden als andere menschliche Bücher auch«, wie bereits vor über 40 Jahren der protestantische Theologe Heinz Zahrnt feststellte. Insofern hätte die Kirche die wichtige Aufgabe, für ein »historisch sachgemäßes und dem neuzeitlichen Wahrheitsbewusstsein verpflichtetes Textverständnis« zu sorgen, wie dies der evangelische Heidelberger Alttestamentler Jan Gertz verlangt. Antike »Geschichtsschreibung« unterschied nicht zwischen Geschichte und Geschichten. Wir aber müssen diesen Unterschied machen, wenn wir redlich sein wollen. Doch im 21. Jahrhundert muss Jan Gertz immer noch fragen, ob die Ergebnisse historisch-kritischer Exegese »wirklich jemals in der kirchlichen und außerkirchlichen Öffentlichkeit angekommen sind«.

Insofern kritisiere ich Karl Barth, dessen gewaltige Leistung, insbesondere auch im Kampf gegen die NS-Ideologie und ihre Praxis, ich überhaupt nicht relativieren will. Denn unter Barths maßgeblichem Einfluss wurde die »liberale Theologie« und mit ihr die historisch-kritische Forschung so weit zurückgeworfen, dass sich die Kirche bisher davon nicht erholen konnte. Ich erinnere daran, dass Adolf Harnack bereits im 19. Jahrhundert das altkirchliche Dogma der Trinität Gottes als »Produkt des griechischen Geistes auf dem Boden des Evangeliums« erkannte. Barths Rückfall in die vorwissenschaftliche Vorstellung, Gott selbst habe sich offenbart als »Einer in drei eigentümlichen, in ihren Beziehungen untereinander bestehenden Seinsweisen: Vater, Sohn und Heiliger Geist«, ist an manchen deutschen theologischen Fakultäten immer noch Stand der Lehre. Ich habe in meinem Bemühen, Barth zu verstehen, nichts gefunden, das mich eine ernsthafte Auseinandersetzung von ihm mit dem Werk des »Entmythologisierers« Rudolf Bultmann erkennen lässt.

Aufgabe der Theologie sei es, so Rudolf Bultmann 1961, die naive Gläubigkeit zu erschüttern. Tatsächlich beobachtet man, dass vor allem die naiv Gläubigen unter den Christen sonntags in die Kirche gehen. Sie tun dies gewiss nicht mit dem Ziel, in ihrer naiven Gläubigkeit erschüttert zu werden. Und die wenigen Pfarrer, die dies versuchen, haben es in ihren Gemeinden eher schwer. Eine »Erziehung zur Kritik« hat offensichtlich bei den wenigsten Pfarrern stattgefunden und wird von diesen folglich auch nicht eben häufig wirksam vermittelt. Das ist kein Zufall. Nachdem seinerzeit Rudolf Bultmann seine Erkenntnisse über die Notwendigkeit einer »Entmythologisierung« des Christentums veröffentlicht hatte, bekam er zunächst den Beifall des Theologen und Widerstandskämpfers gegen Adolf Hitler, Dietrich Bonhoeffer. Dieser schrieb 1942, Bultmann habe mit seiner Theologie »gewagt zu sagen, was viele in sich verdrängen (ich schließe mich ein) … Nun muss Rede und Antwort gestanden werden.« Bonhoeffer schrieb, er selbst wolle sich »der Zugluft, die von ihm (Bultmann) kommt, gerne aussetzen. Aber das Fenster muss dann wieder geschlossen werden. Sonst erkälten sich die Anfälligen zu leicht.«

Das Fenster wurde geschlossen und bis heute nicht wieder geöffnet. Die Angst der Kirchen vor den unabsehbaren Folgen ist zu groß. Und die Anzahl der kritischen Theologen ist selbst im Land der Reformation und der Aufklärung verschwindend klein geworden. In den Kirchen und ihren Gremien haben sie ohnedies nichts zu melden. Dort haben vor allem die Ideologen das Sagen, denn Fundamentalisten sind machtbewusst. Immerhin darf aber nicht unerwähnt bleiben, was die Synode der EKD am 7.11.2012 als »Kundgebung: Theologische Impulse auf dem Weg zum Reformationsjubiläum 2017« beschlossen hat: »Angesichts der anhaltenden Faszination menschenverachtender Ideologien, von zunehmendem Fundamentalismus in den Religionen wie auch von hier und da zu beobachtender Vernunftverdrossenheit in Kultur, Bildung und Politik wissen wir uns den Errungenschaften der Aufklärung verpflichtet. ... Wir suchen in Forschung und Wissenschaft den Dialog mit allen, die sich bemühen, diese Welt zu verstehen und zu gestalten. Wenn Vernunft und Glaube Geschenke Gottes an den Menschen sind, kann es einen grundsätzlichen Gegensatz zwischen beiden nicht geben. Sehr wohl aber kann es Grenzen menschlicher Einsicht geben.« Ich verstehe dieses Buch und unseren Dialog als Antwort auch auf diese »Kundgebung«.

Zu Ihrem Punkt 3: Kirche ist für Sie, lieber Herr Schneider, »eine von Jesus Christus gestiftete und von seinem Geist begleitete Gemeinschaft«. Wie begründen Sie diese Auffassung? Jesus war bekanntlich ein Jude, hat als Jude gelebt und ist als Jude gestorben, wie die Evangelien ausweisen. Er hat keine Kirche »gestiftet«. Das ist eine alte protestantische Erkenntnis. Im Taschenlexikon Religion und Theologie von 1971 zum Beispiel wird als bereits zu Ihrer Studienzeit längst bekanntes Wissen zusammengefasst, dass »die Kirche in dem Sinn, wie sie heute verstanden wird, des biblischen ›Grundes‹ verlustig geht«. Der katholische Theologe Alfred Loisy schrieb 1902: »Jesus verkündigte das Reich Gottes, und die Kirche ist gekommen.« Alfred Loisy wurde exkommuniziert. Die amtskatholische Vorstellung, wonach Matthäus 16,18 (»Du bist Petrus, und auf diesen Felsen will ich meine Gemeinde ›Ekklesia‹ gründen ...«) die Gründung der Kirche durch Jesus beweise, ist insofern falsch, als diese Sätze nicht von Jesus stammen. Darin sind sich die historisch-kritischen Theologen seit über hundert Jahren einig.

Ich meine, es macht einen großen Unterschied aus, ob man sich – wie auch ich – mit frommen Menschen, ob sie nun evangelisch sind oder katholisch, als Freundinnen und Freunde verbunden fühlt, oder, wie Sie, »als *Kirche* verbunden«. Was verstehen Sie unter dieser für Katholiken höchst einseitigen Verbindung? Die katholische Kirche jedenfalls fühlt sich mit uns Evangelischen *nicht* »als Kirche verbunden«, sondern stellte im Gegenteil im September 2000 in der Erklärung *Dominus Jesus* der Kongregation für die Glaubenslehre von Amts wegen fest, dass wir *keine* Kirche »im eigentlichen Sinn« seien. Noch bevor die ausdrücklich vom Papst gebilligte Erklärung herauskam, wies ihr Verfasser, der damalige Glaubenswächter Josef Ratzinger, bereits die katholischen Bischofskonferenzen in aller Welt an, im Zusammenhang mit den Evangelischen die »Verwendung von Formulierungen wie *unsere beiden Kirchen* zu vermeiden«.

Wenn ein katholischer Theologe, wie Gotthold Hasenhüttl von der Universität Saarbrücken, beim ökumenischen Kirchentag in Berlin 2003 Protestanten am Abendmahl teilnehmen lässt, dann verliert er eben deshalb seine kirchliche Lehrerlaubnis. Der für den Vollzug der Disziplinierung zuständige »Bischof Gnadenlos« (Der Spiegel) aber wird, wie zur Belohnung, Kardinal in München.

Die insbesondere von Papst Benedikt XVI. zur Unterscheidung von den Protestanten behauptete ununterbrochene Kette der vorgeblich allein Kultfähigen, angefangen bei Petrus und den Päpsten bis zu Josef Ratzinger selbst und natürlich auch seinem Nachfolger Jorge Mario Bergoglio, Papst Franziskus, die sogenannte apostolische Sukzession, ist ein Märchen. Freundlicher ausgedrückt, lässt sich zum Beispiel belegen: »Sämtliche Papstlisten bis in die Mitte des 2. Jahrhunderts sind legendär.« So der katholische Kirchenhistoriker und Spezialist für die Geschichte der Päpste, Georg Denzler.[1] Für Benedikt XVI. sind, der Ideologie der Sukzession entsprechend, ausgerechnet die Pius-Brüder »Kirche« und ihm unvergleichlich viel wichtiger als die Pro-

---

1. Georg Denzler: Das Papsttum, 2. Aufl., München 2004.

testanten. Diese Pius-Brüder mit ihrem archaischen Weltbild dürfen nach dem Urteil des Bundesverwaltungsgerichts vom Januar 2013 in Deutschland sogar Gymnasien betreiben. Dass dort eine aufgeklärte Erziehung möglich sei, ist ebenso wenig zu erwarten wie in evangelikalen Schulen, auf die ich noch zu sprechen kommen werde. *Aufklärung* könne nämlich, so erkannte der deutsche Philosoph Immanuel Kant anno 1784, dem Menschen zum »Ausgang aus seiner selbstverschuldeten Unmündigkeit verhelfen« – und »Unmündigkeit ist das Unvermögen, sich seines Verstandes ohne Leitung eines anderen zu bedienen«. Eben dies zu vermögen ist aber, so meine ich, die Voraussetzung für einen aufgeklärten Glauben und eine kirchliche Verkündigung für Mündige.

Sie, lieber Herr Schneider, möchten allen »verurteilenden Pauschalisierungen über ›die‹ katholische Theologie und Kirche und über ›den‹ christlich begründeten Fundamentalismus widersprechen«. Die als katholisch definierte Theologie wird bekanntlich von einem Lehramt und letztlich vom Papst festgelegt, was ich allerdings grundsätzlich für unsinnig halte. Sie etwa nicht? Eine so gegängelte »Theologie« ist im Übrigen auch keine Wissenschaft. Worin »widersprechen« Sie der darauf bezogenen, durchaus »verurteilenden Pauschalisierung« der katholischen Theologie durch mich, und mit welcher Begründung?

Bei aller grundsätzlichen Kritik weiß ich sehr wohl den Mut vieler katholischer Theologen zu schätzen, trotz des Risikos für die Karriere der Wahrheit verpflichtet zu arbeiten. Ich bewundere auch die mutigen frommen Katholiken in der Diözese Augsburg, die sich gegen ihren Bischof, wie schon gegen dessen Vorgänger, erheben, ebenso die katholischen Widerständler in der Diözese Regensburg. Ich bewundere die österreichischen katholischen Priester, die zum Ungehorsam gegen die kirchliche Lehre aufrufen. Und ich bin gerührt über jenen bayerischen katholischen Priester, der mein Buch »Die Bibel. Eine

Biographie« im Internet seinen Amtsbrüdern als Grundlage für deren Predigten anpreist und selbst anbietet. Ich habe auch Respekt vor den, allerdings im Kern vergeblichen, Bemühungen des Kurienkardinals Walter Kasper um Ökumene. Ich stimme dem Präsidenten der Katholischen Bibelföderation, Bischof Vincenzo Paglia, zu, wenn er feststellt: »Fundamentalismus *entsteht* dort, wo sich verunsicherte Menschen zur Bibel wenden, ohne sie wirklich zu verstehen.«

Mich würde sehr interessieren, welche Maßstäbe Sie anlegen, wenn Sie sich »Fundamentalisten« (im Sinne der Eigendefinition in den *Fundamentals*) »als Kirche verbunden« fühlen? Es gab im Jahre 2000, so Friedrich Wilhelm Graf, weltweit bereits 34.000 verschiedene christliche Bekenntnisse, in Deutschland sind es dem religionswissenschaftlichen Medien- und Informationsdienst REMID zufolge derzeit 97. Diese verweisen als Alleinstellungsmerkmal lediglich auf sie jeweils von den übrigen Gemeinschaften unterscheidende göttliche »Offenbarungen«.

»Den« christlichen Fundamentalisten widerspreche ich nun in der Tat leidenschaftlich, im Einklang mit den historisch-kritisch arbeitenden Theologen aller Konfessionen und als Naturwissenschaftler. Die Geschichte christlicher Gewalt gegen Unmündige und Andersdenkende ist vor allem eine Geschichte des christlichen Fundamentalismus. Dies lässt sich zum Beispiel in der Missionsgeschichte nachweisen oder in der biblisch begründeten Gewalt-Pädagogik (Spr 13,24 u.a.). Der katholische Pfarrer Wolfgang Beck sagte im April 2012 als »Wort zum Sonntag«: »Egal, ob Piusbrüder, ob evangelikale Gruppierungen oder muslimische Salafisten, denen wir in diesen Wochen in den Fußgängerzonen begegnen können: Sie alle haben mehr gemeinsam, als ihnen wahrscheinlich lieb ist.« Protestiert dagegen hat die »Evangelische Allianz«. Dabei sind es besonders die Evangelikalen in den USA, die den Kreuzzug des George W. Bush gegen den Irak gefördert haben und heute einen Krieg gegen den Iran propagieren. In meinem Buch »Warum der Mensch glaubt« habe ich im Jahre 2005 darauf hingewiesen: Der Fundamentalismus ist der Sieg der archaischen Unterwelt in unserem Kopf über den Geist. Das Abendland fühlt sich heute zu Recht bedroht vom islamischen Fundamentalismus. Diesen kann die jüdisch-christlich geprägte Welt mit geistigen Mitteln – und nur so auch mit Hoffnung auf Erfolg – bekämpfen, indem sie den eigenen Fundamentalismus bekämpft.

Inzwischen (Stand 2011) gibt es in Deutschland, so *idea Spektrum*, bereits 92 evangelikale Privatschulen. Im Sexualkundeunterricht, falls dieser überhaupt erteilt wird, wird Homosexualität als »Sünde« gelehrt. Im Biologieunterricht wird »Schöpfungslehre« verbreitet, was der an der Universität Kassel lehrende Biologe Ulrich Kutschera schlicht »Volksverdummung« nennt (DIE ZEIT 13.10.2011). An anderer Stelle sagte Kutschera über den in den evangelikalen Schulen in Deutschland verkündeten »Kreationismus«: »Der bereits vorhandene naturwissenschaftliche Analphabetismus wird dadurch immer stärker und irrationaler, auch esoterische Glaubensinhalte nehmen zu.« Als Kulturnation könne es sich Deutschland nicht leisten, »den kreationistischen Hokuspokus hinzunehmen« (SZ 19.12.2011). Friedrich Wilhelm Graf weiß sogar dies: Mitte der 1980er Jahre erreichte das »Institute for Creation Research« die Bitte des türkischen Erziehungsministeriums um Unterstützung bei der Reform der Lehrpläne für den Biologieunterricht: »Die gut bezahlten Kreationsexperten aus den USA lassen nun ihre Lehrbücher ins Türkische übersetzen, fügen statt der Bezüge auf die Bibel jedoch Belege aus den Schöpfungssuren des Korans ein – eine religionspolitisch erfolgreiche Operation. Denn diese vermeintlich genuin türkischen, muslimischen Curricula werden inzwischen in den Golf-Staaten sowie in Marokko und Tunesien rezipiert.«

Ich weiß allerdings auch dies: Der Rat der EKD hat in einer Orientierungshilfe »Weltentstehung, Evolutionstheorie und Schöpfungsglaube in der Schule« im Februar 2008 betont, es müsse »klar gesagt werden«: »Aus theologischen Gründen ist der Kreationismus abzulehnen. Er setzt sich über die bibelwissenschaftlichen und systematischen-theologischen Einsichten in die Entstehung, Ausformung und Bedeutung des biblischen Schöpfungszeugnisses hinweg und missachtet die geschichtlichen Kontexte seiner Entstehung.« Die Konzepte des »intelligent design« müssten »als pseudowissenschaftlich eingeschätzt werden«.

Doch trotz dieser eindeutigen Distanzierung verbreitet sich das fundamentalistische Weltbild auch in Deutschland.

Der Chefredakteur von *idea* erklärt im Deutschen Fernsehen, in einer Ehe habe in wichtigen Fragen der Mann das letzte Wort. Das entnimmt er der Bibel, übrigens grundgesetzwidrig. Dies alles nicht »pauschalisierend zu verurteilen«, heißt für mich, ihm heimlich zuzustimmen. Das mögliche kirchenpolitische Ziel, »den Laden zusammenzuhalten« und deshalb den christlich begründeten Fundamentalismus nicht zu kritisieren, gelingt doch nur um den Preis der Unglaubwürdigkeit. Dies sollte meines Erachtens nicht Politik der EKD sein. Dass Sie, lieber Herr Schneider, in Ihren Gottesdiensten ein volles Haus haben, hat – ohne im Geringsten die Qualitäten Ihrer Predigten in Frage stellen zu wollen – natürlich auch damit zu tun, dass Sie der Ratsvorsitzende sind. Ihre Auftritte werden deshalb vom Fernsehen wahrgenommen, sie sind eben – auch – ein Event.

Stichwort »Heiliger Geist«: Der Begriff *Heiliger Geist* ist nach meinem Verständnis ein Bild für etwas, worüber man keine Aussagen machen kann; ähnlich wie »Gott«. Es war in der Tat eine große Leistung von Karl Barth, das Dilemma zu erkennen, dass der Mensch nicht von Gott reden *könne*: »Wir sollen als Theologen von Gott reden. Wir sind aber Menschen und können als solche nicht von Gott reden ...« Gott ist, so die bekannte Formulierung Karl Barths, der »Ganz Andere«. Deshalb kann man, wie ich meine, auch nicht einfach von Gottvertrauen sprechen. Denn wir machen nur die Erfahrungen, Menschen und ihren Werken zu vertrauen (oder zu misstrauen). Das sind aber immer Erfahrungen, wie wir sie mit Gott nicht haben können.

Ich halte das Bild vom Heiligen Geist durchaus für einen Ausdruck unserer Hoffnung. In der Kirchengeschichte und bis heute dient der Hinweis auf den Heiligen Geist jedoch oft auch als Rechtfertigung für angeblich unter dessen Einwirkung zustande gekommene menschliche Entscheidungen, nicht zuletzt von Synoden. Der »Heilige Geist« ist nicht verfügbar und die Vorstellungen über seine Wirkweise stehen, wie schon im Zusammenhang mit »Offenbarung« erklärt, im Widerspruch zu den Naturgesetzen.

Gewiss hat die Kirche ein anderes Gewicht als (zumeist) die Erkenntnis Einzelner. Doch sollten auch in der Kirche, wie ich meine, vor allem jene die Dinge bedenken, die auch denken können und überdies genug wissen. Im Allgemeinen jedoch gilt, um Albert Einstein zu zitieren, auch hier: »Um ein tadelloses Mitglied einer Schafherde sein zu können, muss man vor allem eins sein, ein Schaf.«

Sie haben Sorge vor einer Selbst-Säkularisierung der Kirche durch ihre Theologie. Soll die Kirche, um diese zu verhindern, wirklich wider besseres Wissen ihrer Theologen auf Lehren und Riten ihrer Altvorderen beharren? Soll tatsächlich der viel zitierte »Kuschelgott« die Leitfigur einer spirituellen Heimat sein? Also eine Kirche *nur* für Dummis, nach den Vorbildern, die uns vor allem die USA bieten, aber auch Lateinamerika und Afrika?

Ich bleibe bei meiner Meinung: Die Kirche darf nicht nur *bekennen*, sondern sie muss ihr Bekenntnis immer wieder im Lichte neuer Erkenntnis neu zu *begründen* suchen. Und darum streiten wir, hoffentlich, weiter miteinander, öffentlich!

Glauben zu begründen heißt nicht, ihn wissenschaftlich beweisen zu müssen. Eine gleichnishafte und poetische Rede kann Gott ebenso auf die Spur kommen, wie es historisch-kritische Forschung kann.

Streiten wir also weiter, lieber Herr Urban, mit Demut, mit Leidenschaft und mit der Hoffnung, dass unsere Fragen und vielleicht besonders unsere einander widersprechenden Antworten anregend für Leser und Leserinnen sind, selber zu fragen und manches neu zu denken – aber dabei auch den Glauben und das Vertrauen nicht zu verlernen!

Lassen Sie mich mit dem programmatischen Satz am Ende Ihres letzten Beitrags beginnen: »Die Kirche darf nicht nur *bekennen*, sondern sie muss ihr Bekenntnis immer wieder im Lichte neuer Erkenntnis neu zu *begründen* suchen.«

Dieser Aufgabenzuschreibung für die christliche Kirche stimme ich durchaus zu. Allerdings scheint mir ein entscheidender Dissens zwischen uns beiden darin zu liegen, dass wir den Begriff »begründen« inhaltlich unterschiedlich füllen. Für mich ist *begründen* nicht identisch mit *wissenschaftlich absichern* oder gar mit *wissenschaftlich beweisen*. Wenn ich etwas für mich existentiell Wichtiges *begründe*, dann gebe ich Auskunft über den *Grund* meines Denkens, Fühlens, Glaubens, Liebens und Hoffens. Das gilt für mich persönlich. Aber das gilt auch für mein kirchliches Reden und Verkündigen, wenn ich christliche Bekenntnisse »*im Licht neuer Erkenntnis neu begründe*«.

Und eine »neue Erkenntnis« ist für mich, dass viele Menschen in unserer pluralen Gesellschaft es verlernt – oder erst gar nicht gelernt – haben, vertrauensvolle Bindungen und verbindliche Beziehungen einzugehen. Das gilt nicht nur im individuell-persönlichen Bereich, also im Blick auf eine vertrauensvolle Gottesbindung oder auf eine langfristige Liebesbeziehung. Das betrifft auch gesellschaftlich relevante Institutionen und Organisationen wie Gewerkschaften, politische Parteien und eben auch die Kirchen und religiösen Gemeinschaften. Im Licht dieser Erkenntnis scheint es mir heute mehr geboten, dass kirchliches Reden und Verkündigen die menschliche Bereitschaft und Fähigkeit zu einem nachhaltigen Vertrauen stärken, als dass sie – wie Rudolf Bultmann es vor mehr als 50 Jahren als dringende Aufgabe seiner Zeit erkannte – die »naive Gläubigkeit« von Menschen erschüttern müsste. Tatsächlich beobachte ich auch unter den Christinnen und Christen, die sonntags zur Kirche gehen, nur sehr wenig »naive Gläubigkeit«. Die »Erziehung zur Kritik«, die im letzten Drittel des vergangenen Jahrhunderts in unserem Land von den Studentenunruhen ausging und viele Verkrustungen des Denkens aufbrach, erreichte auch Kirchgänger und Kirchgängerinnen. Der Begründungsdruck für kirchliche Äußerungen und Bekenntnisse hat in den letzten Jahrzehnten durchaus zugenommen. Und mir scheint, er verstärkt sich gegenwärtig erneut angesichts einer aggressiver werdenden atheistischen Weltanschauung.

Der *Grund*, von dem aus die Kirche – beziehungsweise Menschen mit kirchlichen Aufgaben und Funktionen – ihre Glaubensbekenntnisse *begründen*, ist eben nicht das Ergebnis eines aktuellen theologisch-wissenschaftlichen Forschens und auch nicht das Licht neuer naturwissenschaftlicher Erkenntnis. Ebenso wenig wie die »Lehren und Riten ihrer Altvordern«. Der *Grund* für alles Reden und Handeln der Kirche war und ist und bleibt das *Evangelium von Jesus Christus* – sonst gäbe die Kirche sich selbst auf.

Und damit sind wir wohl wieder einmal bei der Frage und bei der Kontroverse, die unseren ganzen Wortwechsel durchzieht: Welche Möglichkeiten haben wir als Menschen, das Evangelium von Jesus Christus zu *erkennen*? Und welche Möglichkeiten hat die Kirche, das Evangelium von Jesus Christus zu *bekennen*, zu *bezeugen* und ihre Bekenntnisse zu *begründen*?

Hier kann ich gar nicht anders, als von dem »Heiligen Geist« zu reden – der für mich übrigens wie für Dietrich Bonhoeffer »der rechte Zeitgeist« ist.

Denn daran will ich festhalten: Nur soweit ich mit meinem Denken und mit meinem Fühlen darauf vertraue, dass Gott uns Menschen in der Kraft seines Geistes die Möglichkeit schenkt, sein Wort und seinen Willen zu erkennen, nur so weit ist es für Menschen möglich, das Evangelium von Jesus Christus zu glauben und zu predigen.

Und ich möchte an dieser Stelle das Barth-Zitat vervollständigen, mit dem Sie den Verzicht auf ein kirchliches Reden über den Heiligen Geist und über das Gottvertrauen fordern. Karl Barth formulierte tatsächlich zum einen so, wie Sie es erwähnten: »Wir sollen als Theologen von Gott reden. Wir sind aber Menschen und können als solche nicht von Gott reden …« Aber Karl Barth setzte dann fort: »Wir sollen Beides, unser Sollen und unser Nicht-Können, wissen und damit Gott die Ehre geben.«

Das Dilemma, von Gott reden zu sollen und nicht angemessen zu können, wollte und konnte der Theologe Karl Barth nicht so simpel auflösen, dass er zum Verzicht auf jede Rede von Gott, Gottvertrauen und dem Heiligen Geist aufrief. Barth wollte sich diesem Dilemma in Demut und Ehrfurcht vor dem »Anders-Sein« Gottes stellen und er wollte, dass die Theologie sich diesem Dilemma stellt. Daraus entstand die sogenannte »dialektische Theologie«, die ich bis heute für unverzichtbar halte, um angemessen über Gottes Wort und Gottes Wirken zu reden.

Natürlich ist und bleibt alles menschliche Reden von Gott und von Gottes Geist – wie Paulus es im Korintherbrief bekannt und wie Sie es uns ins Gedächtnis gerufen haben – immer »Stückwerk«. Und natürlich ist und bleibt unser Reden von

Gott und von Gottes Geist immer auch »bildhafte« Rede und kann die absolute Wahrheit dabei gar nicht abbilden. Ich bin allerdings, wohl anders als Sie, der Ansicht, dass die bild- und gleichnishafte und auch die poetische Rede der Wahrheit Gottes zumindest ebenso auf die Spur zu kommen vermag wie eine historisch-kritische und wissenschaftlich fundierte Rede. Ich denke da zum Beispiel an das Gedicht des Schweizer Theologen Kurt Marti, in dem dieser sein Gottvertrauen ganz eindrücklich zum Ausdruck gebracht hat:

»DU / der barmherzige / der sich treu bleibt / und in dessen treue / auch wir / durch viel irrung / und schuld / geborgen bleiben / für immer / DU / das geheimnis des lebens / dessen wunder / wir hie und da / im spiegel einer / menschlichen zuwendung / und liebe / zu erahnen vermögen / DICH / rühmt deine gemeinde / mit ihrem / AMEN / das ist: / ES WERDE WAHR!«[1]

Wenn wir »Kirchenmenschen« in der Kirchengeschichte oder in unserem gegenwärtigen kirchlichen Entscheiden und Handeln auf das Wirken des Heiligen Geistes verweisen, dann sollten da immer Hoffnung, Vertrauen und Demut mitklingen – und nicht Stolz und Überheblichkeit. Denn Gottes Geist ist uns Menschen nicht verfügbar – da stimme ich Ihnen zu –, aber gerade deshalb lässt er sich auch in und mit Naturgesetzen weder fassen noch widerlegen!

Übrigens bin ich auch fest davon überzeugt, dass Gottes Geist, wenn er unseren menschlichen Geist inspiriert, sein Wirken nicht von dem Intelligenzquotienten eines Menschen abhängig macht.

Sowenig wie ich das logische Denken des Menschen für ein gefährliches »zum-Teufel-Beten« halte (»Denken heißt zum Teufel beten« war mal der Titel eines Romans über Jugendsekten), so wenig kann und will ich logisches Denken zum ent-

---

1. Kurt Marti: DU. Rühmungen, © Radius-Verlag, Stuttgart 2008, S. 30/31.

scheidenden Maßstab für den Wahrheitsgehalt der Glaubensbekenntnisse unserer Kirche machen. Und damit rede ich nicht einer »Kirche *nur* für Dummis« das Wort, aber ich möchte damit schon einer intellektuellen Hybris in unserer Kirche wehren.

In unserer ökumenischen Beziehung zu der römisch-katholischen Schwesterkirche versuchen wir gerade eine »Ökumene der Profile« mit einer »Ökumene der Gaben« zu ergänzen. Das heißt, wir erkennen an, dass in den christlichen Konfessionen ganz verschiedene Gaben zur Entfaltung gekommen sind und dass diese verschiedenen Gaben nicht *gegeneinander* ausgespielt werden sollten. Die Verschiedenheit der Gaben kann unsere ökumenische Gemeinschaft bereichern, ohne dass die einzelnen Konfessionen und die einzelnen Christenmenschen jede konkrete Gabe für sich selbst als eine Bereicherung akzeptieren müssten.

In einem neutestamentlichen Bild ausgedrückt: Die eine Kirche als der Leib Christi funktioniert gerade in und durch die Verschiedenheit der Teile (bzw. der konkreten einzelnen Kirchen). Es macht gar keinen Sinn, dass der Arm ein Bein sein will und soll, oder das Herz ein Magen! Vor allem ist es kontraproduktiv, wenn einzelne Körperteile über die je eigene Vorzugsstellung streiten.

In diesem Sinn werbe ich auch innerhalb unserer Evangelischen Kirche in Deutschland für eine »Ökumene der Gaben« zwischen Kirchengliedern mit unterschiedlichem Bildungshintergrund und Frömmigkeitsstilen.

Eine meiner Töchter arbeitet als Lehrerin an einer Schule für Schülerinnen und Schüler mit geistiger und körperlicher Behinderung. Wenn ich wahrnehme, wie die Kinder dort im Religionsunterricht und in Schulgottesdiensten ihrem Glauben Ausdruck geben, dann spüre ich ganz existentiell: Gottes Kraft ist in den Schwachen mächtig! Und mir wird neu bewusst, dass Menschen nicht nur mit ihrem Verstand, sondern auch mit ihrem Körper und mit allen ihren Sinnen ein »Tempel des Heiligen Geistes« sein können. Unsere Kirche kann ihren Focus deshalb nicht allein auf die Bedürfnisse und Urteile der geistigen und geistlichen »Eliten« verengen.

Ich will Ihre immer wieder geäußerte Kritik an der römisch-katholischen Theologie und Kirche sowie an evangelikalen Gruppen und Kreisen der evangelischen Kirche nicht einfach wegwischen. In manchen inhaltlichen Kritikpunkten stimme ich Ihnen durchaus zu.

Aber einzelne Kritikpunkte – so schwer sie auch wiegen – können mich nicht zu einer absoluten Distanzierung bewegen. Sonst müsste ich mich etwa angesichts der Hexenprozesse auch noch nach der Reformation, der Schuldverstrickungen Deutscher Christen in die Verbrechen des Nationalsozialismus und der sexualisierten Gewalt in Einrichtungen unserer Kirche während der letzten Jahrzehnte auch von »meiner« Evangelischen Kirche in Deutschland lossagen. Und das gilt auch im Blick auf meine anderen gesellschaftspolitischen Eingebundenheiten: Wollte ich mich von allen Gruppen und Gremien grundsätzlich distanzieren, in denen mir immer wieder einmal widerständige Aussagen und ein widerständigen Verhalten begegnen, ich wäre ein einsamer Einzelkämpfer.

Sicherlich gibt es auch für mich »Unvereinbarkeitsentscheidungen« mit Gruppen und Parteiungen – innerhalb und außerhalb der christlichen Kirchen. Aber ganz offensichtlich habe ich dabei andere Grenzziehungen als Sie, lieber Herr Urban.

Jedenfalls weiß ich mich – trotz so mancher Distanzierung im Einzelnen – mit vielen römisch-katholischen und mit vielen pietistisch-frommen Christenmenschen zu einer »Kirche Jesu Christi« verbunden.

»Kirche« meint dabei für mich nicht die Gestalten der Kirche in ihren heutigen Formen. Natürlich hat Jesus Christus nicht die heute existierenden institutionellen Formen der christlichen Kirchen »gestiftet«.

Das Wort »Kirche« leitet sich ab aus dem griechischen »kyraké«, bedeutet also »zum Herrn (griechisch: kyrios) gehörig«. Die Kirche, zu der ich mich mit Christinnen und Christen verschiedener Konfessionen, Denominationen und Frömmigkeitsstilen vertrauensvoll verbunden fühle, ist für mich also die Gemeinschaft der Menschen, die ihr Leben an dem auferstandenen »Herrn« Jesus Christus ausrichten. Und in dem grundsätzlichen Zutrauen, dass der auferstandene Christus seine Nachfolger und Nachfolgerinnen auch gegenwärtig inspiriert, hat für mich diese Verbindung auch Bestand, wenn andere Menschen andere kirchengestaltende und andere ethische Konsequenzen aus ihrem Glauben ziehen als ich.

So teile ich etwa das Amtsverständnis meiner römisch-katholischen Glaubensgeschwister nicht – ohne dass ich hier die Vokabel »unsinnig« benutzen möchte – und sehe in dem Papstamt durchaus einen gegenwärtig nicht zu überbrückenden »Graben« hinsichtlich einer institutionellen Vereinigung der reformatorischen Kirchen mit der römisch-katholischen Kirche.

Zur Gestalt und Gestaltung unserer Evangelischen Kirche in Deutschland gehört ein großes Maß an Vielseitigkeit und an Vielstimmigkeit. Dafür bin ich dankbar. Deshalb ist in ihr Raum für jede ernsthafte Auseinandersetzung zwischen der sogenannten »liberalen Theologie« mit der Theologie Karl Barths und auch für das Werk des »Entmythologisierers« Rudolf Bultmann.

Allerdings halte ich es – wie schon häufiger eingewandt – für unangemessen, die historisch-kritische Forschung zum alleinigen Maßstab theologischer Wahrheit zu machen und damit Karl Barth einen »Rückfall in vorwissenschaftliche Vorstellungen« zu attestieren. Eine »ernsthafte Auseinandersetzung« innerhalb unserer Kirche impliziert meines Erachtens, dass die wissenschaftlichen Kriterien der Theologie – als einer Geisteswissenschaft – eben nicht identisch sind mit den wissenschaftlichen Kriterien der Naturwissenschaften. Und sie impliziert auch einen methodischen Vorbehalt aller wissenschaftlich Theologie-Treibenden gegenüber dem Ansatz, die Wahrheit Gottes allein mit dem menschlichen Intellekt erfassen zu können.

Angesichts der in Deutschland zur Zeit so heftig entbrannten Debatte über die Rechtmäßigkeit der Beschneidung von Jungen im Judentum und im Islam hat Matthias Drobinski, der Redakteur für Innenpolitik, Religion und Kirche bei der Süddeutschen Zeitung, die sehr bemerkenswerten Sätze formuliert:

»Der Glaube ist nicht einfach aus sich heraus gut. Doch ohne ihn würden die kollektiven Erfahrungen und kulturellen Kräfte fehlen, ohne die ein Staat genauso wenig leben kann wie ohne Menschen, die sich aus religiösen Gründen um Kranke, Alte, Schwache kümmern. Der Staat braucht die Gegenentwürfe zum Nächstliegenden und Nützlichen, er braucht die Kraft des Transzendenten, die sich ja in der Erregung übers Beschneiden oder auch übers Gotteslästern zeigt. Er braucht sie als Gegenkraft. Damit er sich und sein Recht nicht absolut setzt, als Gottesersatz.« (Matthias Drobinski in der Sendung »Glaubenssachen«, NDR kultur, Sonntag, 19.08.2012, 8.40 Uhr)

Was Matthias Drobinski hier für den Staat erklärt, möchte ich, auf das Thema unseres Wortwechsels bezogen, sowohl für die kirchliche Lehre wie auch für den Anspruch alles wissenschaftlichen Denkens – in der Theologie wie in der Naturwissenschaft – formulieren:

›Alle kirchliche Lehre und alles wissenschaftliche Denken brauchen kollektive Erfahrungen und kulturelle Kräfte. Sie brauchen Gegenentwürfe zum Nächstliegenden und Nützlichen. Sie brauchen die Kraft des Transzendenten. Damit sie sich selbst nicht absolut setzen als Gottersatz!‹

Plädoyer für eine Kirche der Aufklärung wider jeglichen Fundamentalismus

Lieber Herr Schneider. Ihrem Bild von Kirche und Christentum möchte ich gerne meines entgegenstellen. Für mich ist entscheidend, dass die protestantische Kirche zwar tolerant, aber auch eine Kirche der Aufklärung ist. »Ökumene der Gaben« klingt gut, setzt aber voraus, dass hier um einen edlen Wettstreit der unterschiedlich Begabten geht. Das ist jedoch nicht der Fall. Insofern ist das Motto einfältig wie das Kinderlied: »Piep, piep, piep, wir ha'm uns alle lieb.« Kirchenstrukturen und Kirchenlehren sind nämlich auch Konzentrate menschlicher Unzulänglichkeiten und archaischer Weltbilder, wie ich zu verdeutlichen versuche. Wir kennen *die* Wahrheit nicht. Die christlichen Religionen verkünden dennoch viele, sich widersprechende »Wahrheiten«. Manche der »Gaben« sind da wohl vergiftet wie Schneewittchens Apfel. Ich fürchte, die Idee der Ökumene, die einmal eine große Hoffnung von Christen aller Konfessionen war, ist gescheitert. Sie wird auch durch schöne Formulierungen nicht wieder belebt. Deshalb ist eine skeptische Grundeinstellung, auch über den konfessionellen Tellerrand hinweg, nötig. Jüngst hat der Wuppertaler Kirchenhistoriker und Systematische Theologe Martin Ohst den Reformierten Theologen Pierre Bayle (1647–1706) zitiert. Ohst hat damit dem so eingängigen Aufruf ›Ökumene jetzt‹: »*Ein Gott – ein Glaube – eine Kirche*« vom September 2012 (www.oekumene-jetzt.de) widersprochen: »In Fragen des Glaubens, der es mit Gott und der Ewigkeit zu tun hat, gibt es keine festen, jedermann zwingend vernünftig einsichtigen Wahrheitskriterien, und darum kann es in der Religion, anders als auf dem Felde des Rechts, keinen Zwang geben. Das neue hieran ist eine skeptische Grundhaltung, die den Reformatoren wie ihren altgläubigen Gegnern (auch Erasmus von Rotterdam!) noch unerschwinglich war. Ohne diesen skeptischen Einschlag ist der moderne Toleranzgedanke nicht zu haben« (SZ 7.9.2012).

Toleranz aus einer grundlegenden Skepsis auch dem eigenen Glauben gegenüber, so meine Deutung, ist den Fundamentalisten aller Religionen und Konfessionen offensichtlich nicht möglich. Denn das Fundamentale ihrer Überzeugungen ist ja, dass sie die Wahrheit zu *wissen* glauben – jeweils ihre »Wahrheit«. Als »Suche nach Eindeutigkeit« beschreibt Harald Lamprecht, der Sektenbeauftragte der Evangelisch-Lutherischen Landeskirche Sachsens, auf der Internet-Seite *confessio.de* das Bemühen der Fundamentalisten. Fundamentalismus sei »immer reduktionistisch: Aus der Fülle der Möglichkeiten wird nur eine einzige als möglich und richtig angesehen.« Deshalb mein Votum: Fundamentalismus darf nicht weiterhin die Lehre der Kirchen bestimmen. Denn Fundamentalismus macht innerlich unfrei und provoziert, ganz hart gesagt, Dummheit, die zu Gewalttätigkeit neigt.

Im neuen Jahrtausend erleben wir zunehmend Religionskriege unter Fundamentalisten. Christliche Fundamentalisten provozieren Islamisten und umgekehrt. Das Ergebnis ist Gewalt . Dagegen hilft, wie ich meine, nur Aufklärung und Bildung.

Wir sind uns einig in Ihrem Votum: »Der Grund für alles Reden und Handeln der Kirche war und ist und bleibt das Evangelium ...« Jedoch vertrauen Sie darauf, dass der »Heilige Geist« uns ermögliche, Gottes »Wort und seinen Willen zu erkennen«. Ich dagegen bin skeptisch. Ich bezweifle die Vorstellung, es sei uns möglich, Gottes »Willen zu erkennen«. Selbst Jesus konnte das nicht. Er konnte das große »Warum?«, den Sinn seines Sterbens am Kreuz, nicht erkennen: »Mein Gott, mein Gott, *warum* hast du mich verlassen?« So betete er nach Darstellung der Evangelisten Matthäus und Markus, indem er den

22. Psalm zitierte. Und trotzdem hatte er, so der Evangelist Lukas, die Hoffnung behalten, indem er am Ende sagen konnte: »Vater, ich befehle meinen Geist in deine Hände!« Mehr haben wir auch nicht.

Wir wissen allenfalls im Nachhinein, was gerade *nicht* Gottes Wille gewesen sein kann. Auch deshalb betone ich immer wieder, die Kirchen könnten keine Gewissheit, wohl aber Hoffnung verkünden.

Wie Sie, lieber Herr Schneider, sehe ich das Evangelium, die Frohe Botschaft Jesu, als die Mitte christlicher Verkündigung. Doch die Bibel, in der wir diese Botschaft suchen und zu finden hoffen, ist ein von Menschen verfasstes Buch. Jesu Botschaft versteckt sich hinter den unterschiedlichen Deutungen der Verfasser des Neuen Testaments. Dies ist bereits das entscheidende Argument gegen den Biblizismus der evangelischen Fundamentalisten.

Das nach meinem Verständnis entscheidende Problem, eine aufgeklärte Kirche zu bleiben, ist, die Menschen dahin »mitzunehmen«. Manchmal erscheint es sogar besonders schwer, das Kirchenpersonal selbst mitzunehmen. Ich denke dabei zum Beispiel an die erwähnte finstere Erklärung von immerhin acht deutschen protestantischen Altbischöfen zur Homosexualität aus dem Jahr 2011. Danach schließe gleichgeschlechtliches Zusammenleben »von der Teilhabe an Gottes Reich aus«. Diese Behauptung zeugt nach meinem Verständnis nicht nur von bischöflichem Größenwahn. Sie ist auch wider die Botschaft Jesu, der einen barmherzigen Gott verkündet hat und Gemeinschaft mit »Zöllnern und Sündern« pflegte, also mit den Ausgegrenzten seiner Zeit. Die Herren Altbischöfe müssten sich, nach meinem Verständnis, in ihrer »Bibeltreue« viel eher jeweils persönlich von Jesu Kritik getroffen fühlen. Dieser hat, wie der Evangelist Lukas überlieferte, den Bibeltreuen seiner Zeit beschrieben. Dieser geht in den Tempel und betet: »Ich danke dir, Gott, dass ich nicht bin wie die anderen Leute ...« (Lk 18,11).

Die Entwicklung der Kirche geht heute in die falsche Richtung, in Richtung Fundamentalismus. Und zwar weltweit und in allen Offenbarungs-Religionen.

Meine Kirche soll jesuanisch sein. Dabei hoffe ich auf Gott als den HERRN, ohne an eine leibliche Auferstehung Jesu, seine Vergottung und das Konstrukt einer Trinität glauben zu müssen. Das sehen, soweit für mich erkennbar, auch die historisch-kritisch arbeitenden Theologen nicht anders, zum Teil schon seit über hundert Jahren.

Jesu Deutung von »Gott und der Welt« hat sich zweitausend Jahre lang bewährt. Das Evangelium Jesu dient dem Leben. Doch Jesus war eben auch ein Mensch, ein Kind seiner Zeit. Das zeigen Jesu Vorstellungen vom nahen Ende der Welt und die sich darauf beziehenden Konsequenzen. Seine Botschaft setzt voraus, aber beweist nicht, dass es Gott überhaupt gibt. Der Glaube an Gott war nämlich damals für einen Juden selbstverständlich. Nicht selbstverständlich, sondern Jesu eigene Erkenntnis war, dass die im Gesetzlichen verkrustete mosaische Lehre (ähnlich wie heute der ultraorthodoxe jüdische Glaube) lebensfeindlich ist. Und dass Gott dies nicht wollen könne. Jesus war kein Moralapostel und kein bibeltreuer Fundamentalist. Im Gegenteil. Die Ablehnung des alttestamentarischen Opferkultes und die Vertreibung der Händler aus dem Tempel in Jerusalem durch Jesus waren der Höhepunkt seiner Auseinandersetzung mit den – vorgeblich gottgegebenen – Gesetzen seiner Religion. Jesu geschäftsschädigende Aktivitäten im Tempel waren für das System am Ende so bedrohlich, dass der Verursacher der Bedrohung sterben musste. In den Evangelien sind markante Beispiele für die von Jesus verkündete Freiheit von biblisch begründeten Zwängen notiert: »Der Sabbat ist um des Menschen willen gemacht und nicht der Mensch um des Sabbats willen« (Mk 2,27), oder: »Was zum Mund hineingeht, das macht den Menschen nicht unrein; sondern was aus dem Mund herauskommt, das macht den

Menschen unrein« (Mt 15,11). Das alles verliert nicht sein Gewicht, wenn man es als »kreative« Weiterentwicklung des jüdischen Väterglaubens durch Jesus ansieht.

Jesus hat in Bildern, in Gleichnissen, gesprochen, die folglich »unscharf« sind. Sie bedürfen der Deutung. Diese Unschärfe war die traditionelle Ausdrucksweise der Priester und Wahrsager in der Antike. Das Orakel von Delphi wird als beispielhaft missverständlich beschrieben. Wenn die Propheten im Alten Testament dagegen konkret wurden, handelte es sich vorzugsweise um Prophezeiungen im Nachhinein. Allerdings hat sich Jesus, anders als die Pythia in Delphi, nicht in Trance versetzt. Und seine Worte haben ihr Gewicht behalten. Auch das belegt seit zweitausend Jahren das Leben und Sterben von Menschen in der von Jesus vermittelten Hoffnung.

Die Verfasser der Bücher des Alten Testaments haben Gott buchstäblich das Wort gegeben, um ihre eigenen Weltdeutungen zu untermauern. Für die junge christliche Gemeinde erfüllte der »Heilige Geist« die Aufgabe, (auch einander widersprechende) Eingebungen als gottgegeben zu deuten. Sie konnten nicht wissen, was wir heute wissen: Wir haben keinen Einfluss darauf, was aus unserem Unbewussten ins Bewusstsein dringt. Das erfahren wir deshalb als scheinbar von außen kommende »Offenbarungen«. Ich meine, die Kirche dürfe heute nicht mehr nach Art der frühen Christen vom Heiligen Geist reden. Denn das geschähe wider besseres Wissen. Die Geschichte der letzten zwei Jahrtausende durchziehen immer wieder Behauptungen von Offenbarungen, die sich als falsch erwiesen haben.

Wie Sie hoffe ich auf ein Wirken Gottes auch im persönlichen Leben. Ich weiß aber nicht, wie dies geschehen könnte. Ich weiß lediglich, dass die alten Vorstellungen im Widerspruch zu den Naturgesetzen stehen. Und die Naturgesetze sind überprüfbar wahr. Ihrer Schlussfolgerung, Gottes Geist sei uns Menschen nicht verfügbar und lasse sich *deshalb* »in und mit Naturgesetzen weder fassen noch widerlegen« kann ich nicht zustimmen. Jeder kreative Einfall eines Menschen ist diesem nicht verfügbar und dennoch mit den Naturgesetzen vereinbar.

Logisches Denken ist auch nach meiner Ansicht nicht der entscheidende Maßstab für den Wahrheitsgehalt der Glaubensbekenntnisse. Wohl aber ist ein am jeweiligen Wissen orientiertes, immer wieder erneutes Bedenken der Bekenntnisse nötig. Und dabei gelten in den menschlichen Dimensionen auch die Gesetze der Logik. Wir wissen heute allerdings, dass in der Quantenphysik die makroskopisch geltenden Aussagen, wonach etwas entweder »ist« oder »nicht ist«, und ein *Tertium non datur* gilt, nicht zutreffen. Licht ist, je nach Beobachtung, sowohl eine Welle als auch ein Strom aus Lichtteilchen (Photonen), obwohl sich beide Existenzformen ausschließen. Die entscheidende Erkenntnis dabei ist: Ohne Beobachtung können wir nicht von Wirklichkeit sprechen. In der klassischen Physik wie in unserem Alltagsweltbild ist die Wirklichkeit das Primäre, die Information über diese Wirklichkeit dagegen etwas Abgeleitetes. Tatsächlich ist es umgekehrt, die Wirklichkeit selbst ist, so Anton Zeilinger, »abhängig von der Information, die wir erhalten«. Der Physiker kommt zu dem Schluss: »Wirklichkeit und Information sind dasselbe.« Damit bekommt der Satz aus dem Johannes-Evangelium »Im Anfang war das Wort« eine neue Deutung. Gewiss, Wörter sind Bilder, Abstraktionen. Jedoch von manchmal großer Wirkmächtigkeit. Der Dichter Gottfried Benn beschreibt dies mit den ersten Zeilen seines Gedichtes *Ein Wort* so: »ein Wort, ein Satz –: aus Chiffren steigen erkanntes Leben, jäher Sinn ...«

Zurück zu Ihren Überlegungen: Die Kirche ist selbstverständlich für alle Menschen da, unabhängig von deren intellektuellen oder sonstigen Fähigkeiten. Auch hier sind wir einer Meinung. Aber die *Lehre* der Kirchen, meine ich, darf nicht von Dummis bestimmt werden. Sie muss dem jeweiligen Stand des Wissens und dem der Erkenntnis entsprechen. Die Kirche darf die Menschen nicht für dumm verkaufen, denn das merken irgendwann auch die Dümmsten. Dieses für dumm verkaufen, nämlich mit dem Ablass, gab nach meinem Verständnis seinerzeit den Ausschlag für den unglaublich großen Anfangserfolg der Reformation Martin Luthers.

»Meine« evangelische Kirche soll »Raum für jede ernsthafte Auseinandersetzung« geben. Sie sehen zwar diesen Raum in der Kirche. Die Auseinandersetzung findet dort aber nicht statt. Es gibt hierzulande kaum eine Handvoll kritischer Theologen, die öffentlich ihre Stimme erheben. Ich höre auch von wachsender Angst nicht nur der katholischen Theologen vor öffentlichen kirchenkritischen Äußerungen. Die Angst geht um, bei befürchteten Schließungen theologischer Lehrstühle oder gar von Fakultäten als Erste betroffen zu sein. Denn dabei reden bekanntlich die Kirchen mit. Und naturgemäß wählen die immer älter und konservativer werdenden evangelischen Kirchgänger konservative Kirchenvorstände, und damit indirekt auch eher konservative Synodale und Bischöfe. Vielleicht müssen Sie, lieber Herr Schneider, doch noch gegen Ihren Willen und gegen Ihr Bedürfnis ein »einsamer Einzelkämpfer« werden. Selbstverständlich geht es nicht darum, sich nicht auch mit frommen Katholiken oder Pietisten verbunden zu fühlen. Sie gehören auch zu meinem Leben. Wie immer wieder betont, geht es mir um die *Lehre*, das Fundament dessen, was die Kirchen *verkünden*.

Die Erfahrungen nicht zuletzt in der Nazizeit (ich bin Jahrgang 1936) lehren mich, dass der Staat, und übrigens auch die Wissenschaft, sich nicht absolut setzen dürfen. Ich sehe allerdings auch aus der Nachkriegsgeschichte, dass aller Fortschritt einer aufgeklärter werdenden Gesellschaft gegen massive Kritik der konservativen Christen beider Kirchen durchgesetzt werden musste. Das gilt insbesondere für die Emanzipation der Frau. Es gilt für die Recht-Setzungen, homoerotische Anlagen als natürliche Varianten des Lebens, nicht aber als Perversionen oder als krankhaft anzusehen. Sie wissen selbst, wie unendlich mühsam es – besonders in Bayern – war, die Ordination von Frauen als evangelische Pfarrerinnen durchzusetzen. In Bremen werden Pfarrerinnen von einigen evangelikalen Kirchenvorständen heute noch von der Kanzel gejagt. Nicht minder schwer war es, die Konfessionsschule als Regelschule abzuschaffen und die Koedukation zu ermöglichen

Für Sie ist offensichtlich der Gedanke sehr wichtig, »dass die wissenschaftlichen Kriterien der Theologie – als einer Geisteswissenschaft – eben nicht identisch sind mit den wissenschaftlichen Kriterien der Naturwissenschaften«. Sie haben, meine ich, Recht, die »Wahrheit Gottes« kann man *nicht* »allein mit dem menschlichen Intellekt erfassen«. Der Mensch kann diese Wahrheit, wenn es sie gibt, überhaupt nicht erfassen. Das wussten schon die Autoren des Buches Jeremia (55,8). Diese zitieren den HERRN mit dem Satz: »Meine Gedanken sind nicht eure Gedanken.« Natürlich (im Wortsinn) kann man die Welt auch emotional wahrnehmen. Aber diese Prozesse verlaufen ebenfalls nach Naturgesetzen. Wie dieses emotionale Erfassen zu verstehen ist, ist in den letzten Jahren sehr genau untersucht worden. Ich meine, alle Wissenschaften sind der Wahrheit – soweit sie jeweils erkennbar ist – verpflichtet. Für alle Wissenschaften gelten die Gesetze der Logik. Die Logik ist übrigens ein Kind der antiken Philosophie. Würden Sie sagen, die Aussagen der Theologie dürften den Naturgesetzen widersprechen? Oder gar, Christ-Sein setze den Glauben voraus, dass die Naturgesetze nicht gelten?

Sie sagen, Theologie sei eine Geisteswissenschaft. Aber es geht hier doch um Leben und Tod – und eben darum ist, meine ich, der Begriff »Geisteswissenschaft« zu eng gefasst. Die historische Bibelforschung kommt, wie alle Historie, nicht ohne die Naturwissenschaften aus, zum Beispiel bei der Datierung. Die Theologie kommt nicht ohne die Erkenntnisse der Philologie aus und die zahlreicher anderer Wissenschaften, wie der Archäologie oder der Kunstgeschichte oder der vergleichenden Religionswissenschaften. Manche Spezialgebiete der Theologie haben meiner Meinung nach mit Wissenschaft nichts zu tun, wie etwa die Soteriologie, die Missionswissenschaft oder gar die Angelologie. Umgekehrt gibt es Spezialgebiete der Naturwissenschaften, die, wie man aufgrund genauerer Forschung heute weiß, mit Wissenschaft nichts zu tun haben, etwa Eugenik oder Parapsychologie, Astrologie oder gar Ufologie.

Dieser Bemerkung von Ihnen stimme ich gerne zu: Auch »alle kirchliche Lehre« darf »sich selbst nicht absolut setzen, als Gottesersatz!« Was mein katholischer Kollege Matthias Drobinski, mit dem ich seit vielen Jahren gerne streite, unter der »Kraft des Transzendenten« versteht, weiß ich allerdings nicht. *Transzendent* heißt laut Duden »die Grenzen der Erfahrung und des sinnlich Erkennbaren überschreitend«. Eine bemerkenswerte Kraft, die nicht erfahrbar und erkennbar ist! – außer von Herrn Drobinski natürlich.

Charlotte Knobloch, Präsidentin der israelischen Gemeinde in München, meint, aus Anlass des Rechtsstreits in Deutschland über die Beschneidung jüdischer und muslimischer Kinder, es sei »die Beschneidung im Judentum konstitutiv« (SZ 5.9.12). Der jüdische deutsche Historiker Michael Wolffsohn weiß es besser: »Die Halacha, das jüdische Religionsgesetz, ist eindeutig: Ein unbeschnittener Jude ist Jude, sofern er Sohn einer jüdischen Mutter ist. Zwar erweckten die meisten deutsch-jüdischen und israelischen Debattenbeiträge den gegenteiligen Eindruck, doch Wortmeldungen ersetzen keine Wissenschaft« (Die Welt 29.8.12). Dem letzten Satz stimme ich besonders gerne zu.

Menschsein gründet nicht allein in dem, was in einem wissenschaftlichen Sinne »vernünftig« ist. Zu glauben heißt auch, sich in »subjektiver Absolutheit« aus der Fülle von Möglichkeiten für einen Lebensvollzug zu entscheiden, ohne anderen Lebensvollzügen darum ihre Wahrheit abzusprechen.

»Wortmeldungen ersetzen keine Wissenschaft« – dieser Feststellung von Michael Wolffsohn stimme auch ich gerne zu, lieber Herr Urban. Doch mich drängt es dann sofort zu einem »aber …«: Aber keine Wissenschaft vermag eine religiöse Beheimatung des Menschen zu ersetzen – und damit sind wir wieder bei der Kontroverse, die unseren ganzen Wortwechsel durchzieht.

Darum sollte es meines Erachtens übrigens auch bei der Auseinandersetzung um die Beschneidung jüdischer und muslimischer Kinder gehen. Hier lassen sich die Rechtsfragen nicht von der Frage lösen, ob und inwieweit die familiäre Anbahnung einer religiösen Beheimatung ein ganz wesentlicher Baustein für das Kindeswohl ist. Ob und wie weit für den jüdischen Glauben die Beschneidung der Jungen am 8. Tag nach ihrer Geburt unverzichtbar ist, darüber kann und mag ich »von außen« nicht urteilen – entsprechend auch nicht darüber, ob und wann für den muslimischen Glauben eine Beschneidung der Jungen geboten ist.

Ich bin durchaus dafür, dass die Rechtsfragen auch für religiöse Belange *vernünftig* diskutiert und geklärt werden. Und die Kompatibilität mit dem Grundgesetz ist für mich in unserem Land auch für die Religionsgemeinschaften nicht verhandelbar. Der Streit über die Zulässigkeit der Beschneidung von unmündigen Jungen hat aber gezeigt: Wissenschaftliche Argumente allein können nicht zu einer Befriedung gegensätzlicher Positionen führen – zumal auch diese sich zum Teil widersprechen.

Nach meiner Einschätzung hat der Gesetzentwurf der Bundesregierung zu der Beschneidungs-Frage den schwierigen Spagat geschafft, den Schutz religiöser Selbstbestimmung auf der einen Seite und den Rechtsschutz der körperlichen Unversehrtheit von Kindern auf der anderen Seite zusammenzuhalten.

Lieber Herr Urban, ich stimme Ihnen aus vollem Herzen zu, dass es »in der Religion, anders als auf dem Feld des Rechts, keinen Zwang geben« darf. Darum geht es ja in unserem Wortwechsel – Gott sei Dank – auch nicht darum, dass wir einander mit unseren jeweiligen Kirchen- und Gottesbildern argumentativ bezwingen – gerade weil wir beide von einer »skeptischen Grundeinstellung« gegenüber unseren eigenen Erkenntnissen und Überzeugungen bewegt sind.

Diese grundlegende *Skepsis* den eigenen Erkenntnissen und Überzeugungen gegenüber – da stimme ich Ihnen zu – ist eine unverzichtbare Wurzel für die Toleranz gegenüber Andersdenkenden und Andersglaubenden. Für mich ist darüber hinaus aber – gerade in den Fragen der religiösen Überzeugung – noch eine zweite Wurzel der Toleranz unverzichtbar: das *Vertrauen*, dass Gott seinen Willen ganz unterschiedlichen Menschen zu unterschiedlichen Zeiten und über die Grenzen konfessioneller und religiöser Beheimatung hinaus offenbart. Ich bin froh, dass die EKD im Rahmen der Lutherdekade das Jahr 2013 dem Thema »Reformation und Toleranz« gewidmet hat. Damit öffnet sich unsere Kirche einer selbstkritischen und unabgeschlossenen Lerngeschichte. Sie tut dies in dem Wissen um die Fehlbarkeit aller Menschen – auch der Reformatoren, auch der Wissenschaftler und keinesfalls allein der Fundamentalisten in unseren Kirchen. Und sie tut das in der Einsicht, dass Menschen unserer christlichen Kirchen zu allen Zeiten – vor und nach der Reformation, aber auch nach der Aufklärung – mit Worten und Taten in gewalttätige Auseinandersetzungen verstrickt waren und – leider Gottes – bis heute noch sind.

»Dagegen hilft nur Aufklärung und Bildung«, schreiben Sie. Ich würde hier gern das Wörtchen »nur« streichen und ergänzen: ... und dagegen helfen Menschen-Liebe und Gott-Vertrauen! Eben weil auch Aufklärung und Bildung, so notwendig sie sind, kein konfliktfreies und einmütiges Zusammenleben von Menschen konstituieren können. Den anderen Menschen als Gottes geliebtes Geschöpf zu achten, unabhängig von dessen Weltanschauung und kultureller Prägung, das ist nach meiner Erfahrung eine große Hilfe, mit Konflikten gewaltfrei umzugehen.

Meines Erachtens widerspricht es übrigens nicht der Toleranz, wenn ich »aus der Fülle von Möglichkeiten« für mich und mein Leben in bestimmten Bereichen »reduktionistisch« bin, also »eine einzige als möglich und richtig ansehe«. Das gilt für mich etwa bei der Entscheidung, mit einem anderen Menschen eine lebenslange Verbindung einzugehen. Und das gilt auch für eine religiöse Beheimatung in einer Religionsgemeinschaft.

Ich unterscheide dabei – wissenschaftlich vielleicht nicht korrekt – zwischen »subjektiver« und »objektiver Absolutheit«.

In »subjektiver Absolutheit« bin ich davon überzeugt, dass meine Frau für mich der eine und einzige Mensch ist, mit dem ich mein Leben in einer lebenslangen Ehegemeinschaft verbringen will und kann. »Objektiv« gesehen wäre mir wohl durchaus auch eine Entscheidung für andere Menschen möglich gewesen.

In »subjektiver Absolutheit« glaube und bekenne ich, dass Gott in Jesus Christus sein Wort und seinen Willen für alle Menschen gültig offenbart hat, also »in einem für alle«. Und in »subjektiver Absolutheit« bin ich davon überzeugt, dass die evangelische Kirche die eine und einzige Gemeinschaft der Gläubigen ist, in der ich meine spirituelle Heimat finden kann.

»Objektiv« gesehen hätte ich wahrscheinlich – etwa als Kind jüdischer oder muslimischer Eltern – Gottes Worte und Offenbarungen unabhängig von Jesus Christus gesucht und gefunden.

Über die »objektiv« gegebene »Fülle der Möglichkeiten« für meine Lebensentscheidungen und Lebensvollzüge immer wieder neu zu reflektieren und zu spekulieren, scheint mir wenig sinnvoll – ich könnte darüber mein Leben verpassen!

Ein Widerspruch zur Toleranz liegt für mich nicht in der Lebens-Entscheidung für eine von vielfältigen Möglichkeiten, sondern nur in dem aggressiven Bestreben, anderen Menschen die eigene Entscheidung aufzuzwingen.

Zu meiner Entscheidung für die Beheimatung in der evangelischen Kirche gehören das »Ja« zu den Grundannahmen, dass uns in Jesus Christus »wahrer Gott *und* wahrer Mensch« und dass uns in der Bibel Gottes Wort in Menschenworten begegnen.

Grundannahmen oder Axiome sind gültige Wahrheiten und Aussagen, die selbst nicht logisch abgeleitet oder bewiesen werden müssen. Das gilt für die Theologie genauso wie etwa für die Mathematik. Grundannahmen bzw. Axiome stehen insofern auch nicht in einem Widerspruch zu einem vernünftigen und logischen Weiterdenken und Argumentieren und auch nicht in Widerspruch zu einer Theologie, die sich der Aufklärung verpflichtet weiß!

»Meine Kirche« – oder besser mein Kirchenverständnis – wurzelt in den beiden oben dargestellten Axiomen. Für mich gehört es zu den tragenden Fundamenten meines Glaubens, in Jesus Christus eine bis heute gültige »Gottes-Vorstellung« und in der Bibel die bis heute gültigen »Gottes-Worte« zu sehen. Darauf bezogen mag mein Glaube als »reduktionistisch« und »fundamentalistisch« definiert werden – auch wenn ich hier lieber die Begriffe »reduktional« und »fundamental« benutzen würde.

Es stimmt, Jesus hat nach den Zeugnissen der Bibel zu den Menschen seiner Zeit in Gleichnissen gesprochen hat, wenn er ihnen Gott und das Gottesreich nahe bringen wollte. Das ist für mich aber nicht allein der »traditionellen Ausdrucksweise der Priester und Wahrsager in der Antike« geschuldet. Auch heute, nach der Aufklärung, können wir Menschen Gott und das Gottesreich nur *gleichnishaft* wahrnehmen, weil wir Menschen nicht Gott sind und weil Gott eben nicht ein »kreativer Einfall« der Menschen ist!

Die Religionskritiker Kritias und Feuerbach haben – ausgehend von ihrer Grundannahme: Es gibt keinen Gott außerhalb des menschlichen Denkens und Erkennens! – logisch dargelegt, dass und wie Gott ein Produkt des menschlichen Denkens ist. Sie haben daraus dann – wieder von ihren jeweiligen Voraussetzungen aus logisch – gefolgert, dass Gott für gottgläubige Menschen eine kluge und nützliche Erfindung (so Kritias) oder eine zerstörerische Erfindung (so Feuerbach) sei. Nach meiner Überzeugung gelingt es nur schwer, von diesen beiden Religionskritikern einzelne Argumente – die in unterschiedlichen Zuspitzungen von mehr oder weniger geistreichen Menschen bis heute zu Gehör gebracht werden – zu widerlegen, ohne sich von ihrer Grundvoraussetzung zu distanzieren.

Die Grundvoraussetzung für mein Denken, Glauben und Argumentieren ist: Nicht Gott ist ein »kreativer Einfall« der Menschen, sondern die Menschen, die Natur und eben auch die Naturgesetze sind »kreative Einfälle« Gottes. Gott und Gottes Wirken sind ganz grundsätzlich nicht an die Naturgesetze zu binden.

Und für mich gilt als Grundvoraussetzung – also ohne dass ich es beweisen wollte oder könnte: Gott suchte und sucht immer neue Wege, um mit seinen Menschengeschöpfen zu kommunizieren.

Das »Medium« dieser Kommunikation nannte und nennen christliche Theologie und Kirche »Heiliger Geist«. Der Heilige

Geist ist also eine »Kraft des Transzendenten«, die Gottes Wort und Willen im »Immanenten« vergegenwärtigt. Die von Ihnen zitierte Worterklärung des Duden zu »transzendent« ist *anthropologisch* richtig, bedarf aber einer *theologischen* Ergänzung. Anthropologisch, also im Blick auf den Menschen gesagt, ist es richtig, dass das Transzendente die Grenzen der Erfahrung und des sinnlich Erkennbaren überschreitet. Der Mensch hat aus sich selbst heraus keine Möglichkeit, einen Weg zu Gott – also in das Transzendente – zu finden und zu gehen. Theologisch aber, im Blick auf Gott gesagt, ist das Transzendente mit dem Immanenten verbunden: in Jesus Christus und durch den Heiligen Geist.

In der Kraft des Heiligen Geistes ist das Transzendente für Menschen erfahrbar und deutbar – und zwar nicht nur für Herrn Drobinski, dem ich in dieser Hinsicht viele mich inspirierende Deutungen verdanke!

Ich wüsste nicht, wie ich glauben und predigen könnte, ohne ein Wirken des Heiligen Geistes vorauszusetzen. Das Wirken des Heiligen Geistes verifiziert sich für mich übrigens nicht in richtigen Vorhersagen von zukünftigen historischen Ereignissen. Deshalb ist es für mich auch kein Grund, mich von dieser Voraussetzung zu trennen, wenn sich im Laufe der letzten zwei Jahrtausende vermeintliche Offenbarungen des Heiligen Geistes als falsch erwiesen haben.

Meine Kirchen-Erfahrung in der evangelischen Kirche deckt sich ganz offensichtlich nicht sehr mit der Ihren, lieber Herr Urban. Ich sehe unsere Kirche nicht auf dem Weg in einen unkritischen Fundamentalismus. Und ich erlebe auch keine wachsende Angst von kritischen Theologen, die es nicht mehr wagen, Kirchenkritik zu äußern.

Auch fühle ich mich in meinen kirchenleitenden Aufgaben durchaus nicht als »einsamer Einzelkämpfer«, sondern erlebe dankbar ein produktives und inspirierendes Miteinander mit vielen leitenden Geistlichen, Synodalen und Ratsmitgliedern.

Und wenn ich in ökumenischen Gesprächs- und Arbeitskreisen leitenden Geistlichen anderer christlicher Konfessionen begegne, dann suche und erlebe ich nicht »einen edlen Wettstreit der unterschiedlich Begabten«. Ökumene der Gaben zielt für mich nicht in erster Linie auf ein Kräfte-Messen, sondern auf ein Kräfte-Teilen. Gott sei Dank sind die Zeiten – zumindest in unserem Land – vorbei, in denen die verschiedenen christlichen Konfessionen einander besiegen und sich gegeneinander profilieren wollten. Die Idee der Ökumene heute ist, einander mit verschiedenen Frömmigkeitsstilen und verschiedenen spirituellen Gaben zu bereichern. Und ich sehe diese Idee der Ökumene durchaus nicht als gescheitert an.

Meine Erfahrung mit und in der evangelischen Kirche ist es allerdings schon, dass die Kirche mit ihren Organisations- und Entscheidungsstrukturen immer auch Teil ihrer Zeit und ihrer Gesellschaft ist. Man mag es – so wie Sie es tun – bedauern, dass unsere Kirche in den Fragen der Frauenemanzipation und der Homosexualität nicht schneller vorgeprescht ist. Aber im Blick auf die noch immer mangelnde Frauenrepräsentanz in den Vorstandsetagen von Firmen oder den Chefarzthierarchien von Krankenhäusern und auch im Blick auf die Homophobie in Sportvereinen scheint es mir nicht »unendlich mühsamer«, als Fortschritt Erkanntes in der Kirche durchzusetzen als in anderen Bereichen unserer Gesellschaft.

Es geht in der Theologie »um Leben und Tod« – da stimme ich Ihnen zu –, aber es geht in ihr dabei um weit mehr als um eine naturwissenschaftliche Definition von Leben und Tod. Es geht in der Theologie ganz wesentlich auch um die Fragen nach dem, was unsere irdische Wirklichkeit und die Vergänglichkeit unseres irdischen Lebens entgrenzt, es geht um Ewigkeit und Transzendenz. Sonst wäre es keine »Theo-logie«, sondern nur »Anthropo-logie«.

Natürlich braucht die Theologie Erkenntnisse und auch das Gespräch und die Zusammenarbeit mit anderen Wissenschaften. Nach meiner Wahrnehmung arbeiten nicht nur die theologischen Fakultäten in universitären Zusammenhängen in vielen Themen- und Problembereichen interdisziplinär, sondern durchaus auch die Synoden und Fachausschüsse unserer Kirche. Ich kann die Gefahr nicht erkennen, dass die Lehre und Verkündigung unserer Kirche von »Dummis« bestimmt würden.

Übrigens hat uns Dietrich Bonhoeffer in seinem Text »Nach zehn Jahren – Rechenschaft an der Wende zum Jahr 1943« ein paar interessante Gedanken zur »Dummheit« hinterlassen: »Dummheit ist ein gefährlicherer Feind des Guten als Bosheit. Gegen das Böse läßt sich protestieren, es läßt sich bloßstellen, es läßt sich notfalls mit Gewalt verhindern, ... Gegen die Dummheit sind wir wehrlos. Weder mit Protesten noch durch Gewalt läßt sich hier etwas ausrichten; ... Soviel ist sicher, daß sie nicht [wesentlich] ein intellektueller, sondern ein menschlicher Defekt ist. Es gibt intellektuell außerordentlich bewegliche Menschen, die dumm sind, und intellektuell sehr Schwerfällige, die alles andere als dumm sind ... Das Wort der Bibel, daß die Furcht Gottes der Anfang der Weisheit sei, sagt, daß die innere Befreiung des Menschen zum verantwortlichen Leben vor Gott die einzige wirkliche Überwindung der Dummheit ist.«[1]

Möge auch unser Wortwechsel dazu beitragen, die Dummheit innerhalb und außerhalb der Kirche in Grenzen zu halten.

1. Dietrich Bonhoeffer: Widerstand und Ergebung (DBW, Bd. 8), Gütersloh/München 1998, S. 26, 28.

In der Welt gelten die Naturgesetze. / Die altkirchlichen
Dogmen sind zeitbedingte Deutungen, aber keine ewigen
Wahrheiten.

Lieber Herr Schneider. Ich will vor allem Ihre fundamentalen
Aussagen bedenken und die meinen präzisieren.

Sie sagen: »Gott und Gottes Wirken sind ganz grundsätzlich
nicht an die Naturgesetze zu binden.« Der Mensch aber, wie
das ganze Universum, *ist* an die Naturgesetze gebunden. Das
heißt: In der Welt gelten die Naturgesetze. Ist also das Christentum zur esoterischen Lehre geworden? Dagegen haben
sich bereits die ersten Christen gewehrt.

Wir kennen, wie ich immer wieder betonen muss, nur Deutungen Gottes, sowie Interpretationen von Ereignissen als Wirken
Gottes. Natürlicherweise deuten wir Gott nach Menschenbil-
dern. Insofern hat Ludwig Feuerbach Recht: »Der Mensch
schuf Gott nach seinem Bilde.« Feuerbach kann aber keine
Aussage darüber machen, ob es nicht jenseits unserer Bilder
doch einen unbeschreiblichen Gott gibt. Dass ER tatsächlich
existiert und sich uns Menschen zeigt, ist unsere Hoffnung.

Sie sagen dann weiter: »Gott suchte und sucht immer neue
Wege, um mit seinen Menschengeschöpfen zu kommunizieren.« Woher wissen Sie, dass Gott die Kommunikation »sucht«?
Und wie kommuniziert er? Und wenn er kommuniziert, warum
noch weniger eindeutig als einst das Orakel von Delphi? Und
gelten dabei die Naturgesetze nicht? Wir können die Naturgesetze prinzipiell niemals vollständig erfassen. Aber wir wissen
mittlerweile so viel, um immer wieder ein »So nicht!« anmerken
zu können. Sie betonen aber auch, der Mensch habe »aus
sich selbst heraus keine Möglichkeit, einen Weg zu Gott« zu

finden, sondern nur »in Jesus und durch den Heiligen Geist«. Dem stimme ich weitgehend zu. Die »Kommunikation« mit dem biblischen Jesus ist aber natürlich höchst einseitig. Und überdies gibt es selbst in der Bibel nur Deutungen durch die Evangelisten und die Verfasser der Briefe. Diese haben jeweils zum Beleg ihrer Thesen unterschiedliche Fakten ausgewählt, hinter denen Jesus verborgen ist. Das lädt zu Spekulationen ein und macht theologische Forschung nötig.

Axiome sind, wie Sie zu Recht betonen, Grundannahmen, die nicht bewiesen werden können. Axiomatische »Annahmen« sind jedoch, da widerspreche ich Ihnen, nicht unbedingt zugleich auch »Wahrheiten«. Wenn die Grundannahmen – beispielsweise in der Physik – im Widerspruch zu experimentellen Befunden stehen, dann müssen sie ergänzt oder abgelöst werden. So gelten die Axiome der *klassischen* Physik nur in den mit unseren Sinnesorganen erfassbaren Dimensionen.

Ein axiomatisches System muss widerspruchsfrei, unabhängig und vollständig sein. Wie aber verhält sich das axiomatische, vor über anderthalb Jahrtausenden mit den Glaubensbekenntnissen abgeschlossene System der protestantischen Theologie, ihre Dogmatik also, zu den sich entwickelnden Erfahrungen der Menschheit, etwa den Erfahrungen der Wissenschaften? Anscheinend gibt es überhaupt kein Verhältnis der Dogmatik zur Erfahrung. Und hierbei spielt die unhistorische Denkweise von Karl Barth und seinen Nachfolgern eine besondere Rolle.

Ich habe schon auf die siebenhundert Jahre alte Maxime des Wilhelm von Ockham – Ockhams Rasiermesser – hingewiesen. Auch wir, lieber Herr Schneider, hätten weniger zu streiten, würden wir, befreit von den uralten dogmatischen Vorstellungen, die Grundlagen unseres Glaubens so zu beschreiben suchen, dass wir Einfaches, so lange es geht, einfach erklären. Sie selbst betonen ja öffentlich: »Es gibt keine ewig gültigen Dogmen« (bei Günter Jauch am 10.2.2013). Ich meine, wir brauchen nicht das Konstrukt von Jesus als »wahrer Gott und wahrer Mensch«, benötigen nicht die Hilfskonstruktion »Heiliger Geist«. Benötigen nicht das paulinische Bild des Opfertodes Jesu für die Sünden der Menschheit. Und wir können heute auch das Bild von der leiblichen Auferstehung Jesu nicht mehr nachvollziehen.

Das undogmatische Bild Gottes, dass Jesus selbst uns vermittelt hat, erweist sich dagegen seit zweitausend Jahren als tragfähig. Danach können wir Menschen uns, wie er lehrte, alle als Kinder Gottes verstehen. So gesehen, ist Jesus ein Sohn Gottes. Wenn Sie schreiben »der Heilige Geist *ist* …«, dann muss ich Ihnen widersprechen. Wenn Sie von der besonderen »Ausstrahlung« Jesu sprechen würden, wie sie von seinen Jüngern erfahren wurde, und dafür das Bild nähmen: vom Heiligen Geist Gottes berührt, dann könnte ich zustimmen. Eine solche Beschreibung gilt auch für andere Personen. So haben zum Beispiel Menschen, die mit ihm im Gefängnis in Berührung kamen, Dietrich Bonhoeffer erlebt. Das kann man nachempfinden, auch ohne mit Bonhoeffers zeitbedingtem Weltbild, wie er es etwa in seiner »Ethik« voraussetzt, in allem einverstanden sein zu müssen.

Sie betonen, dass »das Wirken des Heiligen Geistes« sich für Sie nicht »verifiziert« in »richtigen Voraussagen von zukünftigen historischen Ereignissen«. Natürlich nicht, da bin ich ganz Ihrer Meinung. Aber dann darf man Geschichte auch nicht als »Heilsgeschichte« postulieren, wie es in der jüdischen wie der christlichen Theologie seit zweieinhalb Jahrtausenden geschieht.

Ich brauche keine theologischen Axiome oder Dogmen, die nur zeitbedingte Bemühungen darstellen. Und ich vermute, ich bin da kein Ausnahmefall.

Der Vormarsch des »unkritischen Fundamentalismus« weltweit lässt sich sowohl qualifizieren als auch quantifizieren. Übrigens kann es einen *kritischen* Fundamentalismus schon definitionsgemäß nicht geben, wobei Fundamentalisten durchaus *gebildete* Dummköpfe sein können. Vor allem sind sie machtbewusst. Um die Entwicklung zu erkennen, genügt es bereits, das »Zentralorgan« der Evangelikalen, den (von der EKD subventionierten) Nachrichtendienst *idea* kontinuierlich zu verfolgen. Dort zählt (oder behauptet) man in der *Weltweiten Evangelischen Allianz* (WEA) 600 Millionen Gläubige. Die Zahl der Pfingstler/Charismatiker, der am schnellsten wachsenden christlichen Gemeinschaften, lag im Jahr 2003 bereits weltweit bei 540 Millionen der damals 1990 Millionen Christen (Quelle ist hier das pfingstkirchliche *Christus Zentrum Arche*, CZA).

Natürlicherweise erfahren Sie in Ihrem Amt nichts von den Ängsten kritischer und nicht etablierter oder nicht bereits emeritierter evangelischer Theologen. Die demütigende Reglementierung des protestantischen Göttinger Theologieprofessors Gerd Lüdemann sowohl durch seine Landeskirche, als auch massiv unterstützt von Ihrem Amts-Vor-Vorgänger, spricht für sich. Lüdemann hatte deutlich ausgesprochen, was unter seinen historisch-kritisch arbeitenden Fachkollegen weltweit kaum noch umstritten ist: Es gibt und gab kein leeres Grab Jesu.

Ich unterscheide zwischen den persönlichen Glaubensvorstellungen des einzelnen Menschen, wozu Menschenliebe und Gottvertrauen gehören, und der Lehre der Kirchen. Ich selbst bin in eine protestantische Familie hineingeboren und fühle mich meiner Kirche weiterhin, wenn auch sehr kritisch, verbunden. Für die Kirche *und* für jeden Einzelnen sollte als Ergebnis der Erkenntnisse der Aufklärung gelten, dass wir alle, wes Glaubens wir auch sind, nicht *die* Wahrheit erkennen, sondern »auf Hoffnung« hin leben, um den Apostel Paulus zu zitieren. Die Neigung zur Gewalt, die den Fundamentalisten in allen Religionen innewohnt, ist Folge der Einbildung der Gläubigen und ihrer Institutionen, *die* Wahrheit zu kennen. Dagegen, meine ich, helfen nur Aufklärung und Bildung.

Die Reichweite unseres Erkennens – auch des naturwissenschaftlichen – ist begrenzt. Gott ist darum mehr und anders als unsere Bilder von ihm. Doch ich traue dem Evangelium: Gott ist wirklich und den Menschen unbedingt nahe. Daraus erwachsen Hoffnung und Mut im Leben, wie im Sterben.

Lieber Herr Urban, zum Abschluss unseres Wortwechsels will auch ich Ihre letzten Einwände auf meine »fundamentalen Aussagen« bedenken und dabei versuchen, mein Verständnis von Theologie sowie den inhaltlichen Grund meines Glaubens zu verdeutlichen.

»In der Welt gelten die Naturgesetze« – dieser Feststellung von Ihnen stimme ich – natürlich! – zu. Für mich allerdings ist Gott als Schöpfer und Herr der Welt Schöpfer auch dieser Gesetze und ihnen nicht unterworfen. Er (dieses Pronomen ist im Grunde schon falsch) ist ein ganz Anderer, eben Gott und nicht Mensch. Und auch wenn wir von Gott nur nach unserem »menschlichen Maß« denken und reden können und auch wenn zu diesem menschlichen Maß nicht die Möglichkeit und der Besitz absolut gültiger Wahrheitserkenntnisse gehören: Für mich gehört zum menschlichen Maß des Erkennens die Gewissheit, dass unsere Welt begrenzt ist und dass es jenseits dieser Grenzen anderes und mehr gibt, als wir mit naturwissenschaftlichen Methoden erkennen können. Und dass Gott immer mehr und anderes ist als alle unsere »Menschenbilder« von ihm.

Sie fragen mich, woher ich weiß, dass Gott die Kommunikation mit Menschen sucht. Sie fragen, wie Gott kommuniziert und warum er nicht eindeutiger kommuniziert. Das sind für mich

Fragen, auf die ich keine Antworten habe, die allgemein gültig wären und die naturwissenschaftlichen Kriterien standhalten könnten. Und ich suche solche Antworten auch gar nicht.

Meine Antworten gründen sich zum einen in dem Vertrauen, dass uns in der Bibel Gottes Kommunikationswege zu Menschen begegnen, vor allem in den biblischen Texten, die von Jesus Christus erzählen. Zum anderen gründen sie in dem, was ich als das Wirken des »Heiligen Geistes« erfahre und verstehe: Ich weiß mich in meinem Leben begleitet und getragen von meiner Kommunikation mit Gottes Wort. Das gilt für meine spirituellen Zeiten – also Bibelstudium, Gebet, Predigtmeditation, Gottesdienst – ebenso wie für mein alltägliches Leben in Beruf und Familie. Das gilt im Blick zurück, gerade auch auf schwere Zeiten und auf die Stunden, in denen mir Zweifel zur Verzweiflung werden wollte. Und das gilt im Blick nach vorn, also für meine Hoffnung, dass Verfall, Tod und Zerstörung nicht das letzte Wort über das Leben von uns Menschen und unserer Welt haben werden.

Ich stimme Ihnen zu, wenn Sie reklamieren, dass das biblische Zeugnis und gerade auch das biblische Zeugnis von Jesus Christus nicht eindeutig und vielfach interessengeleitet ist. »Das lädt zu Spekulationen ein und macht theologische Forschung nötig« – schreiben Sie. Damit haben Sie Recht, das zeigt ja nicht allein die Vielzahl der christlichen Konfessionen und Denominationen, die sich in den vergangenen zwei Jahrtausenden entwickelt haben. Auch die theologischen Diskussionen und Diskurse innerhalb einer Konfession – also auch innerhalb der Evangelischen Kirche in Deutschland – geben davon ein beredtes Zeugnis, nicht zuletzt ja auch unser beider Wortwechsel! Anders als Sie halte ich es aber für vermessen zu meinen, nur eine historisch-kritische Forschung könne uns das »wahre« Jesusbild vermitteln. Auch sie wird das nicht schaffen. Christliche Theologie hat für mich nicht erst nach der Aufklärung und durch die Aufklärung Annäherungen an die Wahrheit Gottes ermöglichen können. Und deshalb sehe ich weder für mich noch für meine Kirche die Notwendigkeit, dass sich heutige Theologie von allen Erkenntnissen und Bekenntnissen vor der Aufklärung zu verabschieden hätte.

Ich weiß mich gut aufgehoben auch in mancher »vor-aufklärerischen« Tradition unserer Theologie. Ich denke dabei etwa an Jesu Umgang mit seiner jüdischen Theologie. Ich denke an so manche theologischen Anstöße in den Paulusbriefen, die für mein Gottesverständnis und für mein Kirchenverständnis unverzichtbar sind. Und ich denke auch an viele theologische Einsichten und Erkenntnisse der Reformatoren, die meine heutige Theologie noch immer inspirieren und prägen.

Jesus stellte sich in die Tradition seines jüdischen Glaubens und der jüdischen Schriften – vor allem in die Tradition der Schriftpropheten. Und nach meinem Verständnis ging es Jesus weniger darum, den Menschen ein »aufgeklärtes« und »undogmatisches« Gottesbild zu vermitteln, als sie zu lehren, im Vertrauen auf den sie liebenden Gott zu leben und zu sterben. Ich glaube Jesus »seinen Gott«. Deshalb bin ich ganz gewiss, dass Gott die Kommunikation mit den Menschen auf immer neuen Wegen sucht – dazu mag dann wohl auch ein erkenntnisreiches Staunen über die Naturgesetze gehören.

Für mein Gottvertrauen und für die Reflexion meiner Erfahrungen brauche ich – anders als Sie – viele der, wie Sie es nennen, »uralten dogmatischen Vorstellungen«. Ich brauche das Denkmodell und Gedankenkonstrukt von Jesus als »wahrer Gott und wahrer Mensch«. Ich brauche die bekennende Rede von dem »Heiligen Geist«. Diese Gestalt Gottes ist für mich keine überflüssige »Hilfskonstruktion«, sondern die unverzichtbare Form, Gottes gegenwärtiges Wirken zu beschreiben und zur Sprache zu bringen.

Ich verstehe übrigens die christliche Theologie nicht als ein »abgeschlossenes System«. Wie könnte ich auch, da ich ja von der Grundannahme ausgehe, dass die Theologie – also das menschliche Nachdenken und Reden von Gott – gleichsam »von außen«, also vom Geist Gottes immer wieder neu inspiriert und damit zugleich immer wieder neu geöffnet wird.

Dass es für mein theologisches Nachdenken und Reden »fundamentale Grundwahrheiten« gibt, die ich logisch nicht herleiten und beweisen kann und will, habe ich mit dem Setzen von »Axiomen« im naturwissenschaftlichen Bereich verglichen. Allerdings wollte ich damit nicht zugleich den von Ihnen mir nochmals ins Gedächtnis gerufenen Anspruch der Naturwissenschaften übernehmen: »Ein axiomatisches System muss widerspruchsfrei, unabhängig und vollständig sein.« Theologie kann für mich niemals ein solches System sein, weder die historisch-kritische Theologie noch die dogmatische.

Ich denke, es ist an dieser Stelle nicht der Raum für einen ausführlichen Diskurs über Kreuzestheologie. »Meine« rheinische Kirche und ich haben zu diesem Thema gerade in den vergangenen beiden Jahren viel diskutiert und veröffentlicht. Wir haben es dabei gelernt, auch mit unterschiedlichen Deutungen und Fokussierungen als Kirche beieinanderzubleiben. Allerdings bindet uns in aller Verschiedenheit die gemeinsame Überzeugung, dass sich Gottes Heilsgeschichte für Menschen im Kreuz und in der Auferstehung Jesu Christi ereignen. Hier will und muss ich nämlich durchaus von einer »Heilsgeschichte« reden:

Für mich ist die Geschichte des irdischen Jesus eine »Heilsgeschichte«, weil Gott mit ihr seine Liebe und sein Heil für Menschen historisch erfahrbar gemacht hat. Die Geschichte Jesu als »Heilsgeschichte« erfahren, deuten und predigen kann ich nur von Ostern, also von Jesu Auferstehung her. Aber ohne Karfreitag, also ohne das Kreuz gäbe es keine Auferstehung.

Ohne Jesu Tod und Auferstehung wäre für mich das Bekenntnis »Gottes Lebensmacht ist stärker als alle Todesmächte dieser Welt« im Wortsinn eine »blutleere« Theorie. Und Jesus Christus wäre dann nicht Grund meiner Hoffnung im Leben und im Sterben und über den Tod hinaus.

Ohne diesen Grund der Hoffnung gäbe es keine christliche Kirche. Und hier bin ich ganz entschieden:

Wenn unsere Kirche sich von Kreuzestheologie verabschiedet, dann gibt sie sich selber auf. Und wenn sie nur noch das über Kreuz und Auferstehung predigt, was sich naturwissenschaftlich beweisen lässt, dann verfehlt sie ihren Auftrag.

Menschen-Liebe und Gott-Vertrauen gehören für mich unaufgebbar zur Lehre und zum Verkündigungsauftrag der Kirche. Und weder der Menschen-Liebe noch dem Gott-Vertrauen kommen Theologie und Kirche allein mit naturwissenschaftlichen Methoden und Erkenntnissen hinreichend auf die Spur. Dafür brauchen wir, das meine ich, neben einer Gefühlsbildung auch das Wirken und die Kraft des Heiligen Geistes!

Menschenliebe verbunden mit Gottvertrauen verträgt auch keinen sich selbst absolut setzenden Fundamentalismus oder Biblizismus. Denn die Gewissheit des Glaubens ist etwas ganz anderes als vermeintliche Sicherheit eigener Wahrheitserkenntnis. Menschenliebe und Gottvertrauen vertragen sich nicht mit einem Fanatismus, der im Namen eigener Erkenntnis sich selbst ermächtigt, anderes Denken nicht zuzulassen und Menschen um der »Wahrheit des Glaubens« willen umzubringen. Darin sind wir ganz einig.

Schlussworte

Was Sie, lieber Herr Schneider, in unserem Wortwechsel als Ihr Bekenntnis aufgeschrieben haben, ist für mich oft sehr anrührend und in sich schlüssig. Es ist mir von Kindheit an vertraut. Auch für mich sind meine Hoffnungen verbunden mit einem Vertrauen, sogar wider alle Vernunft. Zugleich aber hat sich bei mir eine große Abneigung gegen frommes Geschwätz entwickelt, wie ich es seit meiner Kindheit überall im kirchlichen Raum vernehme. Geprägt hat mich, dass ich mich inzwischen weit über ein halbes Jahrhundert lang mit den Erkenntnissen der Wissenschaften auseinandersetze und das zu meinem Beruf machen konnte. Für mich ist das Großartigste am Menschen neben seiner Liebesfähigkeit seine Freiheit zur Erkenntnis weit über seine Sinneswahrnehmungen hinaus. Vor vielleicht schon zweieinhalb Jahrtausenden konnte der Psalmist auf die Frage »Was ist der Mensch?« begeistert ausrufen: »Du hast ihn wenig niedriger gemacht als Gott« (Ps 8,6). Diese wunderbare Befähigung des Menschen (aber auch seine Gefährdung, ein Teufel zu sein) ist heute deutlich wie nie zuvor in der Geschichte der Menschheit.

Das frühe Christentum war den – in der Antike bereits zu einer ersten Blüte gekommenen – Wissenschaften nicht eben zugetan, und die Theologen haben sich bis in die Neuzeit auf mehr oder minder geistreiche Spekulationen beschränkt. Bereits der Apostel Paulus hat einmal das, was er als seinen Kampf verstanden hat, so beschrieben (2 Kor 10,5): »Wir zerstören damit Gedanken und alles Hohe, das sich erhebt gegen die Erkenntnis Gottes, und nehmen gefangen alles Denken in den Gehorsam gegen Christus.«

Eine Gefangenschaft des Denkens aus der Furcht heraus, dieses Denken könne wider die »Erkenntnis Gottes« und den »Gehorsam gegen Christus« sein, ist eine Ideologie, eine Bilderlehre, die nach meinem Verständnis nichts mit dem Bild Gottes zu tun hat, das uns Jesus vermittelt hat. Der Mensch wäre lebensunfähig, würde er nicht überall im Leben seine Fähigkeit zum Denken und zum Gewinn von Erkenntnis nutzen. Wie kann er dann die wichtigsten Fragen, jene nach dem Sinn von Leben und Tod, nach Anfang und Ende, davon unabhängig zu beantworten suchen? Beantworten, indem er die alten Mythen und Weltdeutungen nicht in Frage stellt? Ich bleibe dabei: Nur ein aufgeklärter jesuanischer Glaube, der sich selbst immer wieder in Frage stellt, kann in einer Welt voller Aberglauben dem Menschen zu dem von Immanuel Kant erhofften »Ausgang aus seiner selbstverschuldeten Unmündigkeit verhelfen«. Dazu beizutragen ist die bleibende Aufgabe der Kirchen, wenn sie eine Zukunft haben wollen.

Lieber Herr Urban, Sie haben meine volle Unterstützung, wenn Sie gegen eine »Gefangenschaft des Denkens« aufbegehren, vor allem, wenn diese mit dem »Gehorsam gegen Christus« begründet wird. Auch ich glaube, dass Jesus uns Menschen nicht zu einem blinden Gehorsam und zu einem kritiklosen Buchstabenglauben überzeugen wollte. Jesus lebte und predigte nach den Zeugnissen der Evangelien ein Gottvertrauen, das Menschen mit Zuversicht und Nächstenliebe erfüllte und das ihnen eine Hoffnung über den Tod hinaus schenkte. Ein solches Gottvertrauen vermag Menschen bis heute aus vielerlei »Gefangenschaften des Denkens« zu befreien: aus der Gefangenschaft in Vorurteilen, Selbstzweifeln und Denkfaulheit ebenso wie aus der Gefangenschaft in Überheblichkeit, Fundamentalismus, Skeptizismus und Wissenschaftsgläubigkeit. Meines Erachtens kann nämlich auch die Überschätzung und Verabsolutierung wissenschaftlicher Methoden und Erkenntnisse in eine Gefangenschaft des Denkens führen und der Liebesfähigkeit des Menschen im Blick auf Gott und im Blick auf seine Mitmenschen im Wege stehen. Deshalb bleibe *ich* dabei: Nur ein *vertrauensvoller* jesuanischer Glaube, der Gottes Gegenwart mit *Herz und Verstand* wahrzunehmen vermag, hilft Menschen, zuversichtlich zu leben und getrost zu sterben. Dazu beizutragen ist *für mich* die bleibende Aufgabe der Kirchen. Die Zukunft aber liegt für mich in Gottes Hand, die Zukunft der Kirche wie die Zukunft unserer Welt und unseres Lebens. Und diese Gewissheit, lieber Herr Urban, empfinde ich weder als naive Frömmelei noch als frommes Geschwätz!

Glossar

VON MARTIN URBAN

Tertium non datur

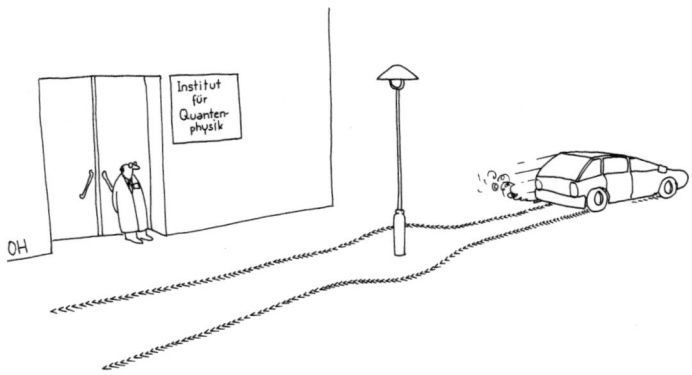

Cartoon: © Oswald Huber

Der griechische Philosoph Aristoteles (384–322 v. Chr.) hat die formale Logik als eigenständige Disziplin entwickelt. Dazu gehört der »Satz vom ausgeschlossenen Dritten«: Etwas ist oder es ist nicht. Ein Drittes gibt es nicht (lateinisch *tertium non datur*). Es ist »nicht möglich, dass es ein Mittleres zwischen den beiden Gliedern des Widerspruchs gibt, sondern man muss eben eines von beiden entweder bejahen oder verneinen« (Metaphysik, IV. Buch [Gamma], 7). Heute wissen wir, dass der Satz manchmal falsch ist. Es gilt nicht immer die Alternative des Hamlet: »Sein *oder* Nichtsein …«. Vielmehr gilt in der Quantenphysik, welche die elementaren Prozesse der Natur beschreibt, unter Umständen das Sein *und* Nichtsein zugleich. Licht zum Beispiel ist eine Welle und ein Teilchenstrom, was sich gegenseitig ausschließt.

Die Frage ist, ob auch ein makroskopisches Objekt in einem unbeobachteten Zustand in der Lage ist, mehrere sich gegenseitig ausschließende Eigenschaften anzunehmen. Im Jahre 1935 machte der Physiker Erwin Schrödinger ein Gedankenexperiment. *Schrödingers Katze* sitzt in einem Kasten. Über einen komplizierten Mechanismus kann ein zerfallender Atomkern die Katze töten. Dieser Atomkern befindet sich nach den Gesetzen der Quantentheorie in einem Zustand der Überlagerung (noch nicht zerfallen *und* zerfallen). Wenn die Gesetze der Quantentheorie auch für makroskopische Objekte gelten würden, wäre Schrödingers Katze ebenfalls im Zustand tot *und* lebendig. Erst wenn man die Kiste öffnen und die Katze beobachten würde, wäre sie entweder tot *oder* lebendig.

Tatsächlich neigen die als Überlagerung mehrerer möglicher Zustände entstandenen Quantensysteme dazu, sich aufzulösen, was man *Dekohärenz* nennt. Das passiert auch mit einem so großen »System« wie einer Katze, deren Zustand deshalb eindeutig ist. Entweder ist sie tot oder lebendig. Den Überlagerungszustand beschreibt eine mathematische Gleichung, die Schrödinger 1926 formuliert hat. Diese Gleichung gibt an, mit welcher Wahrscheinlichkeit sich ein bestimmtes Objekt zu einem bestimmten Zeitpunkt an einem bestimmten Ort befindet. »Diese Interpretation als Wahrscheinlichkeit hat tiefe Auswirkungen auf die Frage der Kausalität der Welt: Einzelmessungen sind nicht mehr deterministisch vorbestimmt, sondern nur noch statistisch festgelegt, während das Ensemble exakt vorhersagbar bleibt« (Reinhard Breuer, Spektrum der Wissenschaft).

Erwin Schrödinger verwendete bei der Beschreibung dieses Gedankenexperiments erstmals auch den Begriff *Verschränkung*. Gemeint ist damit, dass quantenmechanische Systeme aus mehreren Teilchen auf eine Weise miteinander verbunden sind, die davon unabhängig ist, wie weit diese Teilchen voneinander entfernt sind. Albert Einstein hatte das seinerzeit als *spukhafte Fernwirkung* bezeichnet. Dass dieses Phänomen kein Spuk ist, sondern real existiert, lässt sich mittlerweile beweisen – und zum Beispiel als Technik zur Verschlüsselung von Nachrichten verwenden. Eine Konsequenz der Verschränkung ist, wie gesagt: Man kann alles über ein zusammengesetztes System – also über verschränkte Teilchen – wissen, ohne alles über die einzelnen Bestandteile erkennen zu können.

Mittlerweile kann man zunehmend größer werdende Teilchen miteinander verschränken. Möglicherweise lässt sich sogar das Phänomen des Orientierungssinnes der Zugvögel als Ergebnis quantenmechanischer Verschränkungen erklären. Im Vogelauge bleiben gewisse Quanteneffekte für etwa eine zehntausendstel Sekunde stabil; Zeit genug, um auf das Magnetfeld der Erde empfindlich zu reagieren. Damit wird aus Schrödingers Katze Schrödingers Vogel.

Ein entscheidendes Ergebnis der Quantenforschung ist, zu erkennen: Wir können die Natur nicht »an sich« wahrnehmen. Vielmehr »ist« die Natur das, was wir beobachten. Ein Lichtstrahl »ist«, in einem Prisma gebrochen, eine elektromagnetische Welle, oder er »ist« *komplementär* dazu, wenn er auf ein für die Photovoltaik empfindliches Material trifft, ein Teilchen (Photonen)-Strom.

Evolution

DAS SIND DIE RANGHÖCHSTEN MÄNNCHEN, SIE SOLLTEN DAHER DIE HÖCHSTE FORTPFLANZUNGSRATE HABEN!

Cartoon: © Oswald Huber

Nichts ist schon immer so gewesen, wie es ist, *panta rhei*, alles fließt, wie der dem griechischen Philosophen Heraklit (circa 520–460 v. Chr.) zugesprochene Aphorismus ausdrückt. Das gilt auch für das Leben. 1859 erschien das bahnrechende Buch »Die Entstehung der Arten« des Briten Charles Darwin (1809-1882). Er legte Beweise vor für den gemeinsamen Ursprung aller lebenden und ausgestorbenen Arten und erklärte zugleich Gesetzmäßigkeiten ihrer Evolution. Mit der Entschlüsselung der molekularen Strukturen der Desoxyribonukleinsäure (DNS, engl. DNA) und der Ribonukleinsäure (RNS, engl. RNA) im 20. Jahrhundert lässt sich erklären, wie die Abwandlung erblicher Merkmale, ein entscheidendes Charakteristikum der Evolution, zustande kommt. Viele Details der Evolution sind jedoch noch nicht verstanden. Am besten gesichert ist das Konzept der gemeinsamen Stammesgeschichte aller Lebewesen. Das Leben selbst ist aus unbelebten Strukturen entstanden. Doch bis heute lässt sich die Frage »Was ist Leben?«, genauer: »Was ist schon belebt oder noch unbelebt?« nicht eindeutig beantworten. Denn der Übergang zum Leben geschah wohl allmählich, und es gibt davon wahrscheinlich keine Spuren mehr.

Der Weg der Evolution wird den Lebewesen durch elementare Ereignisse wie punktuelle Strahlenschäden eröffnet, die zufällig und ohne jede Beziehung zu den Auswirkungen sind, die sie auslösen können. Ist so ein einzelner, wesentlich unvorhersehbarer Vorfall aber einmal in die DNS-Struktur eingetragen, tritt er unter die Herrschaft der Notwendigkeit, das heißt der Naturgesetze der Vererbung. So beschrieb es 1970 der Biochemiker und Medizin-Nobelpreisträger von 1965 Jacques Monod, um zu erklären, was der griechische Philosoph Demokrit etwa 2400 Jahre vorher bereits vermutet hatte: »Alles, was im Weltall existiert, ist die Frucht von Zufall und Notwendigkeit.« Evolution heißt jedoch nicht nur Höherentwicklung im Sinne von zunehmender Komplexität. Es gibt auch Rückwärtsent-

wicklungen im Sinne von Vereinfachung der Baupläne, etwa
von Nervensystemen. Sehr oft bleiben biologische Systeme
aber über Millionen Jahre unverändert.

Auch Geist und Bewusstsein sind Ergebnis einer Evolution.
Der Neurowissenschaftler und zugleich gelernte Philosoph
Gerhard Roth formuliert die heutigen Erkenntnisse der Forschung so: »Geist und Bewusstsein sind natürlichen Ursprungs
und das Produkt einer langen biologischen Evolution. Innerhalb dieser Evolution haben wir trotz sorgfältiger Suche keine
unerklärlichen Sprünge entdecken können, und dies gilt auch
für den menschlichen Geist.«[1]

Die Erkenntnisse von Charles Darwin haben die christlichen
Kirchen zutiefst erschüttert. Galt doch zuvor als selbstverständlich, dass Gott die Welt in 6 Tagen geschaffen habe, wie
es im 1. Buch Mose des Alten Testaments steht. Das glauben
auch noch heute, über 150 Jahre später, große Teile der Christenheit. Und sie verteidigen diesen Glauben militant. Nahe
dem Deutschen Museum in München steht ein Schild mit dem
hierzu unbeabsichtigt passenden Ausspruch des britischen Ma-
thematikers und Philosophen Bertrand Russel: »Manche Menschen würden eher sterben als nachzudenken. Und sie tun es
auch.« Unbedacht ist von den christlichen Fundamentalisten
die Tatsache, dass die biblischen Schöpfungsgeschichten Mythen sind und nicht Naturbeschreibungen, Geschichten und
nicht Geschichte.

1. Gerhard Roth: Wie einzigartig ist der Mensch?, Heidelberg 2010.

Zufall

Cartoon: © Oswald Huber

Die Stufen alter Treppen sind ausgetreten und haben eine Form, die der einer umgestülpten Glocke ähnelt. Die meisten Menschen gehen nämlich inmitten der Treppe, wenige ganz an den Rändern. So entsteht eine Normalverteilung der Tretmuster. Der 17-jährige Carl Friedrich Gauß (1777-1855) hat die universale Bedeutung dieser Zufallsverteilung in Form der nach ihm genannten »Gaußschen Glockenkurve« erkannt. Sie beschreibt ein Gesetz der großen Zahl: Die meisten Menschen sind zum Beispiel durchschnittlich klug, ebenso wenige extrem begabt wie extrem unbegabt. In jedem Einzelfall aber gäbe es Erklärungen für diesen »subjektiven Zufall«. Oft jedoch ist die Zahl der Parameter so groß, dass das Zustandekommen des Einzelereignisses nicht durchschaubar ist. Eine Konsequenz der Normalverteilung des subjektiven Zufalls ist, dass Häufiges häufig geschieht, Seltenes selten. Das heißt, es kommt zum Beispiel vor, dass ein unheilbar Kranker wieder gesund wird, allerdings eben extrem selten. Der Mensch hat keinen Sinn für den Zufall, das heißt, er kann ihn mit seinen Sinnesorganen nicht als Zufall wahrnehmen. Er hat aber ein angeborenes Deutungsbedürfnis, das heißt, er versucht jeweils, dem Zufall eine Bedeutung zu geben.

Es gibt auch den objektiven Zufall. Er beherrscht die quantenmechanischen Prozesse. Misst man eine große Zahl solcher Ereignisse, so zeigt sich auch eine Normalverteilung etwa der Wege, die einzelne Lichtquanten nehmen, wenn man ihre Bahnen durch Blenden mit Schlitzen beobachtet, die sie durchqueren oder nicht durchqueren können. Das passiert jedoch ebenfalls zufällig, ohne dass das Einzelereignis kausal erklärt werden könnte. Das System der Lichtteilchen besitzt selbst nicht mehr Information. Man kann diese also auch nicht abfragen.

Urknall

MEINE FRAU IST ÜBERZEUGT, DASS ICH IN EINEM DER PARALLELUNIVERSEN EINE FREUNDIN HABE!

Cartoon: © Oswald Huber

Im 20. Jahrhundert entwickelten Kosmologen die Theorie von der Entstehung des Universums in einem Urknall, englisch *Big Bang*. 1927 postulierte der Belgier Abbé Lemaître einen Anfang, ein »kosmisches Ei«, aus dem das Universum gekrochen sei; ein Gedanke, den wenige Jahre später der russische Physi-

ker George Gamow weiterentwickelte. Den Begriff »Big Bang«
erfand 1949 ausgerechnet ein Kritiker der heute *nicht* mehr
bezweifelten Vorstellung, der britische Astronom Fred Hoyle,
in einer BBC-Radiosendung. Nach den bisher genauesten Beobachtungen des ESA-Teleskops *Planck*, die im März 2013 veröffentlicht wurden, kam es zu dem Urknall vor 13,82 Milliarden Jahren. 380.000 Jahre später durchdrang der erste
Lichtstrahl das All; Licht, das als Hintergrundstrahlung mit
dem Mikrowellen-Teleskop »Planck« aufgespürt wurde. Wesentlich früher, nämlich wenige tausend Jahre nach dem Urknall, entstanden die ersten Schallwellen, deren Spuren die
Sonde »Planck« mit ihrem hohen Auflösungsvermögen nun
ebenfalls entdeckt hat. Infraschall mit gigantischen Wellenlän-
gen von einer halben Million Lichtjahren, die sich mit einem
Tempo etwa halb so groß wie die Lichtgeschwindigkeit ausbreiten.

Den Zustand, aus dem heraus es zum Urknall gekommen ist,
nennt man eine Singularität: einen Zustand unendlicher Dichte
und Temperatur. Das ist jedoch eine Fiktion. Nach mathema-
tisch-physikalischem Wissen kann es eine Singularität nicht
geben. »Der Urknall ist nicht mehr ein physikalischer Beginn
oder eine mathematische Singularität, sondern setzt unserem
Wissen eine praktische Grenze. Was nach ihm übrig blieb,
kann kein vollständiges Bild dessen liefern, was vorher war«,
so der deutsche Mathematiker und Physiker Martin Bojowald.
Dennoch hält er es für möglich, einmal Nachrichten aus einer
Zeit »sogar vor dem Urknall« zu gewinnen (Spektrum Dossier
2/10).

Seit den 1980er-Jahren haben Kosmologen Theorien entwickelt, die von einem *Multiversum* oder, anders genannt, von
Paralleluniversen ausgehen, jedes in einem eigenen Urknall
entstanden, wie platzende Blasen in kochendem Wasser.

Heureka

DIE GÖTTER WOLLEN UNS DAMIT SAGEN, DASS SICH UNSERE LITHOSPHÄRENPLATTE ÜBER EINEN HOT-SPOT HINWEGSCHIEBT!

Cartoon: © Oswald Huber

Archimedes von Syrakus (circa 287–212 v. Chr.) sollte feststellen, ob die Krone des Königs Hieron II. von Syrakus aus reinem Gold bestand oder ob ihr Silber beigemengt worden war; und dies herausbekommen, ohne die Krone zu zerstören. Beim Hineinsteigen in eine gefüllte Badewanne, deren Wasser überschwappte, kam ihm die rettende Idee. »Heureka!« (Ich hab's gefunden!) rufend, lief er angeblich unbekleidet auf die Straße. Archimedes hatte das nach ihm genannte Gesetz des Auftriebs entdeckt. Wie konnte das passieren?

Der Mensch hat keinen Einfluss darauf, welche Informationen sein Gehirn seinem Bewusstsein als Entscheidungsgrundlage bereitstellt. Da wir aber stets nach Begründungen suchen, erfinden wir diese, auch wenn wir keine Ursache kennen. Denn der Mensch ist gezwungen, sich Bilder von der Welt zu machen, die aber nicht die Welt sind. Der Einfall des Archimedes ist als ein kreativer Akt zu verstehen. Das gilt ebenso für künstlerische Einfälle, für wissenschaftliche und für technische Ideen oder irgendeinen mehr oder minder originellen Gedanken.

Seit archaischen Zeiten hat der Mensch das, was in seinem Kopf passiert ist und das er als bedeutungsvoll angesehen hat, als eine göttliche Offenbarung verstanden. Das ist bis heute so bei Menschen, die ein solches Erklärungsmodell nicht hinterfragen. Eckart Voland, Professor für Philosophie der Biowissenschaften (Universität Gießen) formuliert es heute so: »Wissenschaftler können bestimmte Phänomene schlicht sparsamer erklären, nämlich ohne metaphysische Einkleidung … Kann ich Wissen vermehren, indem ich über mich selbst nachdenke, in mich hineinhorche? Dieses Verfahren ist höchst unzuverlässig. Ich bleibe dabei: Zur kritisch-rationalen Methode der Wissenschaft gibt es keine Alternative.« Allerdings gilt noch immer, was Bertolt Brecht seinen *Galilei* sagen lässt: »Ja, wir werden alles, alles noch einmal in Frage stellen. Und wir werden nicht mit Siebenmeilenstiefeln vorwärtsgehen, sondern im Schneckentempo. Und was wir heute finden, werden wir morgen von der Tafel streichen und erst wieder anschreiben, wenn wir es noch einmal gefunden haben. Und was wir zu finden wünschen, das werden wir, gefunden, mit besonderem Mißtrauen ansehen.«

Der Mensch und sein Gehirn haben sich an die Welt, in der wir leben und die wir mit unseren Sinnesorganen wahrnehmen, angepasst. Mit Hilfe künstlicher »Sinnesorgane«, durch Messinstrumente, können wir auch die mikroskopisch kleinen und die unendlich großen Dimensionen ermessen. »Aber vorstellbar ist das alles nicht. Weder im ganz Großen noch im ganz Kleinen«, so der Gehirnforscher Wolf Singer. Wir müssen die Welt deuten, und da ist, so Wolf Singer, auch »Platz für metaphysische Konstrukte. Man darf nur nicht den Fehler machen und versuchen, durch Geschichten zu erklären, was schon erklärbar ist« (3Sat, 8.4.2008).

Cartoon: © Oswald Huber

Der Grieche Herodot (etwa 490 bis 425 v. Chr.) gilt als »Vater der Geschichtsschreibung«. Als Ergebnis seiner Arbeit, die mit weiten Reisen verbunden war, entstand – ein literarisch-philosophisches Kunstwerk. Erst im 19. Jahrhundert unserer Zeit begannen Historiker verstärkt, wissenschaftliche Kriterien wie Quellenkritik oder Textkritik zu beachten. Die Erkenntnisse der Gehirnforschung setzen seit wenigen Jahrzehnten neue Maßstäbe.

Obwohl unsere Sinnensysteme die Welt nur in winzigen Ausschnitten wahrnehmen, erscheint sie uns dennoch als kohärent. Der Grund ist, »dass wir Fehlendes ergänzen und über Ungereimtheiten hinwegsehen, um ein schlüssiges Gesamtbild zu erhalten. Unsere Sinnessysteme … bilden nicht getreu ab, sondern rekonstruieren und bedienen sich dabei des im Gehirn gespeicherten Vorwissens« (Wolf Singer). Dabei trachtet unser Gehirn, so Singer, immer danach, »stimmige, in sich geschlossene und in allen Aspekten kohärente Interpretationen zu liefern und für alles, was ist, Ursachen und nachvollziehbare Begründungen zu suchen.«

Auch die Anatomie unseres aus zwei Hemisphären bestehenden Gehirns spielt hier eine Rolle. Der Neurologe Vilayanur Ramachandran beschreibt es so: Die linke Gehirnhälfte (bei Rechtshändern) ist ein Geschichtenerzähler. »Sie ist unter anderem damit beschäftigt, fortwährend Theorien über die Welt zu erfinden. Das ist nützlich, weil wir oft nicht genügend Informationen haben, um Entscheidungen zu treffen. So legt sich die linke Hemisphäre den Rest einfach zurecht und konstruiert eine Story, die schlüssig erscheint. Die rechte Hälfte hingegen überprüft diese Ideen anhand der Wirklichkeit.« Hinzukomme: »Mehr als neunzig Prozent dessen, was wir zu wissen glauben, vermuten wir nur. Diese Vermutungen verkauft uns das Hirn als Realität.« Unser Gehirn hat die dumme Angewohnheit, beim wiederholten Durchspielen einer Erinnerung Details, die zum Beispiel der jeweilige Gesprächspartner beisteuert, konstruktiv in den Erinnerungsfilm einzubauen, ohne dies zu bemerken. »Unser Gedächtnis ist formbar wie Knetmasse«, beschreibt es die Forscherin Elisabeth Loftus. Das erklärt zum Beispiel die oft widersprüchlichen Zeugenaussagen vor Polizei und Gericht. Wahrnehmung ist eben ein »hypothesengesteuerter Interpretationsprozess« (Wolf Singer).

Trinität

In seinem 2. Brief an die christliche Gemeinde in Korinth schreibt der Apostel Paulus (2 Kor 13,13): »Die Gnade unseres Herrn Jesus Christus und die Liebe Gottes und die Gemeinschaft des heiligen Geistes sei mit euch allen!« Er benutzt hier einen vermutlich frühzeitig ritualisierten liturgischen Segensspruch, aus dem heraus sich die Vorstellung des trinitaren, des Dreieinigen Gottes: Vater, Sohn und Heiliger Geist, entwickelt hat. Die Wortbildung *Trinitas* (Trinität) führte der christliche Schriftsteller Tertullian (nach 150 bis nach 220) ein.

Die christlichen Theologen haben sich große Mühe gemacht, nach seinem Tod das »Wesen« Jesu und seine Beziehung zu Gott zu deuten. Dabei bedachten sie die in Mythen konzentrierten Weltdeutungen ihrer Zeit, die zum Teil schon damals altehrwürdigen Ursprungs waren.

Cartoon: © Oswald Huber

Bereits im alten Ägypten, vor etwa 5.000 Jahren, schuf nach den Vorstellungen der Theologen von Memphis der Schöpfergott Ptah mit seinem Wort den Sonnengott Atum. Etwa 2.400 Jahre später, nach dem Untergang des Staates Juda, entstand nach heutigem Wissen das Buch Genesis des Alten Testaments mit der Schöpfungsgeschichte. Darin heißt es immer wieder, nach dem Vorbild weltlicher Herrschaft: »Gott sprach« – und es geschah! Der *Logos* (das Wort) war seit Heraklit ein Grundbegriff der griechischen und hellenistischen Philosophie, auch im Sinne eines durch die Vernunft bestimmten Denkens und Sprechens. Für die jüdisch-hellenistischen Denker wie den um die Zeitenwende lebenden Philon von Alexandria war der Logos das Schöpferwort, mit dem Gott die Welt erschuf. Der Evangelist Johannes deutet die Geburt Jesu mit dem Bild des Logos. Das Evangelium des Johannes, das als letztes der Evangelien vermutlich um die Jahre 90 bis 100 nach Christus entstanden ist, beginnt mit dem Satz: »Im Anfang war das Wort (der *Logos*), und das Wort war bei Gott und Gott war das Wort ... Und (auf Jesus bezogen) das Wort ward Fleisch.«

Jesus hatte seine Jünger gelehrt, Gott als himmlischen Vater zu verstehen, und wurde selbst als Sohn Gottes verstanden. »Im Johannes-Evangelium erreicht die Vergöttlichung des irdischen Jesus ihren Höhepunkt«, fasst der evangelische Neutestamentler Gerd Theißen zusammen. Doch in den frühen christlichen Gemeinden wurde nach Jesu Tod auch spekuliert: Wenn der Vater und der Sohn zwei Personen wären, dann verstieße das gegen das erste Gebot des Alten Testaments, wonach es neben dem HERRN keine weiteren Götter gebe. Und das Gleiche gelte, wenn man den Logos als Geist Gottes personifiziere. Insbesondere Arius (um 260 bis 336), ein asketischer Kleriker aus Alexandria, wandte sich gegen diese Vorstellungen. Er hatte eine große Anhängerschaft, die sogenannten Arianer, vor allem im Osten des römischen Reichs. Kaiser Konstantin berief anno 325 das erste ökumenische Konzil nach Nicäa (dem heutigen Iznik in der Türkei) ein, um den Streit, der weit über die Theologen hinausging und die Einheit des Reichs bedrohte, zu beenden. In Nicäa setzten sich zunächst die Anhänger von Athanasius durch, des Gegners von Arius, der im Jahre 328 Metropolit von Alexandria wurde. Der Streit hielt aber das ganze vierte Jahrhundert hindurch an.

Die Synode von Konstantinopel im Jahre 381 bestätigte dann das Nicänum. Im seither gültigen Glaubensbekenntnis von Nicäa-Konstantinopel wird Jesus als »Gottes eingeborener Sohn« definiert, »aus dem Vater geboren vor aller Zeit ... eines Wesens mit dem Vater. ... und ist Mensch geworden.« Aus dem

Logos wurde der »Heilige Geist, der Herr ist und lebendig macht, der aus dem Vater und dem Sohn hervorgeht ...«

Bereits im 16. Jahrhundert entstanden in Mittel- und Osteuropa antitrinitarische christliche Gemeinden, die Unitarier, die heute vor allem in den USA aktiv und ein Hassobjekt der religiösen und politischen Rechten dort sind. Ihr erster Märtyrer war der spanische Gelehrte Michel Servet, den der Schweizer Reformator Johannes Calvin 1553 in Genf verbrennen ließ. Prominenteste deutsche Unitarier der Emigration während der Zeit des Nationalsozialismus aus Deutschland in die USA waren Thomas Mann und seine Familie.

Die altkirchlichen Dreieinigkeits-Bilder sind wieder umstritten, seit die Theologen historisch-kritisch zu denken begonnen haben. Die Trinitätsvorstellung sei »ein Werk des griechischen Geistes auf dem Boden des Evangeliums«, formulierte der hochberühmte Adolf von Harnack (1851–1930) in seinem Lehrbuch der Dogmengeschichte (ab 1886). Konservative Theologen glauben dagegen auch heute, die Trinitätsvorstellung sei ein Ergebnis der »Selbstoffenbarung« Gottes.

Liberale/historisch-kritische Theologie

Im Mittelalter verstand sich die Theologie als »Königin der Wissenschaften«; ein Prädikat, das Thomas von Aquin eigentlich der Metaphysik zuwies, die auch nach der ersten Ursache alles Seins, das heißt nach Gott fragte und damit zur rationalen Theologie (als einer Teildisziplin) wurde. Die Freiheit der Forschung ist freilich erst im deutschen Grundgesetz verankert worden. Einen ersten Freiraum öffnete ihr der protestantische Theologe Johann Salomo Semler (1725–1791), indem er zwischen Theologie und Religion unterschied. Die Bezeichnung Liberale Theologie geht auf ihn zurück. Der Freiraum wurde nur sehr langsam genutzt. 1808 wurde in Ludwigsburg der spätere evangelische Reformtheologe David Friedrich Strauss geboren. Er betonte die geschichtliche Entwicklung der kirchlichen Dogmen, die im Lichte wissenschaftlicher Erkenntnisse kritisch zu bewerten seien.

Cartoon: © Oswald Huber

Der knapp 70 Jahre jüngere Albert Schweitzer pries Strauss später als »Propheten einer kommenden Wissenschaft«. Strauss, 1839 auf einen Lehrstuhl für Dogmatik in Zürich berufen, konnte dieses Amt niemals antreten. Die landeskirchlichen Prediger hetzten gegen den »deutschen Christusfeind«. Bei einer Demonstration von gut zweitausend bewaffneten und von ihren Pfarrern ermutigten Bauern gegen die Berufung von Strauss kamen auf dem Münsterplatz in Zürich 15 Menschen ums Leben. Albert Schweitzer schrieb 1906 als Ertrag seiner Geschichte der Leben-Jesus-Forschung: »Der Jesus von Nazareth, der als Messias auftrat, die Sittlichkeit des Gottesreiches verkündete, das Himmelreich auf Erden gründete und starb, um seinem Werke die Weihe zu geben, hat nie existiert.« Der Theologe Adolf von Harnack, Begründer und erster Präsident der Kaiser-Wilhelm-Gesellschaft, Vorgängerin der Max-Planck-Gesellschaft, provozierte seine Kirche mit der Meinung, auch Dogmen seien historisch zu verstehen. Die protestantische Generalsynode verabschiedete in diesem Zusammenhang 1892 ein »Irrlehregesetz«, ein »Kirchengesetz, betreffend das Verfahren bei Beanstandung der Lehre von Geistlichen«. Das war erkennbar kein Gesetz zur Förderung der theologischen Forschung.

Die *historisch-kritische Forschung* berücksichtigt, dass jede Textgestalt – also auch die der biblischen Schriften – eine Geschichte hat und dass es allgemein einsichtige Kriterien für ihre wissenschaftliche Untersuchung gibt. Erkenntnisse solcher Forschung in der Theologie haben die christlichen Gemeinden zutiefst verunsichert. Konkret erfahren mussten sie, dass die biblischen Erzählungen eine Geschichte haben. So wurden im 19. Jahrhundert bei Grabungen in den Überresten des Palastes des assyrischen Herrschers Assurbanipal (um 650 v. Chr.) Tontafeln mit dem Gilgamesch-Epos entdeckt. Es enthält bereits die biblische Sintflut-Geschichte. Ein Vortrag darüber anno 1902 in Gegenwart von Kaiser Wilhelm II. in Berlin eröffnete den sogenannten Babel-Bibel-Streit. Die Erkenntnisse der Evolutionsforschung, dass *Homo sapiens* eine Vorgeschichte hat und die Menschheit nicht in Gestalt eines ersten Paares, nämlich von Adam und Eva, entstanden ist, empören bis heute christliche Fundamentalisten.

Dialektische Theologie

Cartoon: © *Oswald Huber*

Die Dialektische Theologie oder auch Theologie der Krise entwickelte sich aus den Erfahrungen insbesondere des Ersten Weltkriegs, der Relativierung der Gesellschaftsordnungen, bis hin zu den Erkenntnissen der Naturwissenschaften, etwa einer Relativität von Raum und Zeit. Der Schweizer protestantische Dogmatiker Karl Barth (1886–1968) war die zentrale Gestalt dieser Theologie. Barth litt sehr stark unter dem Versagen seiner deutschen theologischen Lehrer gegenüber der Kriegsideologie der Zeit. Zu den damals sogenannten Kulturprotestanten, die sich 1914 zur Kriegspolitik Kaiser Wilhelms II. bekannten, gehörte auch Barths Lehrer Adolf von Harnack. Die Vertreter des Kulturprotestantismus waren einerseits national eingestellt, andererseits aber vertraten sie eine »liberale Theologie«. Das heißt, sie kritisierten die kirchlichen Dogmen und propagierten eine historische Sichtweise der Entstehung und Entwicklung des Christentums. Karl Barth, erkannte mit dem Ausbruch des

134

1. Weltkriegs, so schrieb er 1947, »dass die Theologie des 19. Jahrhunderts jedenfalls für mich keine Zukunft mehr hatte«. Er brach radikal mit den Erkenntnissen der liberalen Theologie und erklärte die historisch-kritische Forschung für theologisch irrelevant. Barth propagierte stattdessen eine »nachkritische Schriftauslegung«. Diese steht nach Barths eigener Beschreibung der Lehre von einer Verbalinspiration der Bibel näher als der historisch-kritischen Deutung. Die Dialektik drückt sich in These und Gegenthese aus, jedoch ohne zu einer Synthese zu kommen. Karl Barth formulierte es so: »Wir sollen als Theologen von Gott reden. Wir sind aber Menschen und können als solche nicht von Gott reden. Wir sollten Beides, unser Sollen und unser Nicht-Können, wissen und eben damit Gott die Ehre geben.« Zentral ist für die Dialektische Theologie die »Selbstoffenbarung« Gottes als Dreieiniger Gott. Gott offenbart sich in Jesus Christus, von dem ER durch den Heiligen Geist als der Gott erkannt wird, der seine Welt mit sich versöhnt und so unsere Gotteserkenntnis schafft. Die Dialektischen Theologen versuchten, den Historismus zu besiegen und seinen Relativismus durch einen neuen Absolutismus zu ersetzen. Wenn freilich die Voraussetzungen einer Theologie nicht mehr kritisch in Frage gestellt werden können, wird solche Theologie dialogunfähig und ist dann nicht mehr Wissenschaft, sondern Ideologie.

Ökumene

Der Begriff kommt aus dem Griechischen und bedeutet »die ganze bewohnte Erde«, meinte dann aber später speziell die ganze Christenheit. Die Suche nach Einigkeit unter den Christen ist eine von evangelischer Seite bereits im 19. Jahrhundert ausgehende Hoffnung, die nach dem Zweiten Weltkrieg zu institutionellen Konsequenzen führte. Am 23. August 1948 wurde in Amsterdam der Ökumenische Rat der Kirchen, auch *Weltkirchenrat* genannt, gegründet. Die Organisation, der 349 lutherische, reformierte, orthodoxe und Freikirchen aus 120 Ländern angehören, hat ihren Sitz in Genf. Theologische Voraussetzung für die Mitgliedschaft ist der Glaube an den dreieinigen Gott, wie er im Nicäno-Konstantinopolitanum ausgedrückt ist. Die römisch-katholische Kirche ist nicht Mitglied, sondern nur Gast des Rates. Dennoch ist die Ökumene geprägt von dem Disput zwischen den protestantischen Kirchen und dem Vatikan.

Die Grenzen der Ökumene haben insbesondere Josef Ratzinger als Präfekt der Glaubenskongregation und späterer Papst Benedikt VI. sowie sein Vorgänger, Papst Johannes Paul II., gezogen. Die Enzyklika *Ecclesia de Eucharistia* von 2003 schließt das gemeinsame Abendmahl von Katholiken mit Protestanten aus, die Erklärung *Dominus Jesus* aus dem Jahre 2000 behauptet, die Kirchen der Reformation seien nicht Kirchen »im eigentlichen Sinn«.

Cartoon: © Oswald Huber

Zu den fundamentalen Differenzen gehört auch, dass weder die orthodoxen noch die römisch-katholischen Kirchen Frauen als Pfarrerinnen oder gar Bischöfinnen akzeptieren. Die Gleichberechtigung der Geschlechter ist bei den Protestanten nach langem Streit inzwischen selbstverständlich geworden. Und die protestantischen Kirchen lehnen das Amt des Papstes als angeblicher Nachfolger des Apostels Petrus ab. Auf evangelischer Seite wurde als Antwort auf die Erklärung *Dominus Jesus* der Gedanke einer Ökumene der Profile entwickelt.

Lutheraner und die römisch-katholische Kirche unterzeichneten 1999 eine gemeinsame Erklärung zur Rechtfertigungslehre Martin Luthers. Es geht dabei um jenen Kerngedanken der Reformation, wonach der sündige Mensch nicht durch gute Werke, sondern allein durch seinen Glauben (*sola fide*) vor Gott »gerechtfertigt« sei. Jüngst hat ein »Ökumenischer Arbeitskreis evangelischer und katholischer Theologen« in einem abschließenden Bericht das Kernstück päpstlichen Selbstverständnisses, die apostolische Sukzession, relativiert, die Vorstellung also, es gäbe eine ununterbrochene Kette der »Nachfolger« auf dem »Stuhle Petri« bis zum gegenwärtig amtierenden Papst. Einvernehmlich kam man zu dem Ergebnis, eine derart postulierte Ämterübertragung von der Zeit der Apostel bis heute sei historisch nicht nachweisbar. Der gegenwärtig amtierende Ratsvorsitzende der Evangelischen Kirche in Deutschland plädiert für eine Ökumene der Gaben. Ein erstes Gespräch des Ratsvorsitzenden Nikolaus Schneider mit Papst Franziskus am 8.4.2013 lässt Hoffnung aufkommen, dass es zu Fortschritten im ökumenischen Prozess kommen könnte.

Unabhängig davon entwickelt sich gewissermaßen von unten eine ökumenische Gesinnung unter Christen aller Konfessionen. Das gilt insbesondere im gemeinsamen Bemühen um ein Verhalten im Sinne Jesu und die gemeinsame Sorge um den Weltfrieden.

EKD

Cartoon: © Oswald Huber

Die Evangelische Kirche in Deutschland (EKD) ist die Gemeinschaft von 20 lutherischen, reformierten und unierten evangelischen Landeskirchen; eine Körperschaft des öffentlichen Rechts. Nach dem Zweiten Weltkrieg entstand sie bereits 1945 und gab sich 1948 in Eisenach eine Grundordnung. Trotz der Teilung Deutschlands blieb die EKD als Zusammenschluss der Landeskirchen beider deutscher Staaten lange Zeit bestehen. 1969 allerdings wurde notgedrungen der Bund der Evangelischen Kirchen in der DDR als Zusammenschluss der dortigen acht Landeskirchen gegründet. Nach der Vereinigung Deutschlands kam es 1990/91 auch zu einer Wiedervereinigung aller evangelischen Landeskirchen in der EKD. Die zentrale Verwaltungsbehörde der EKD ist das Kirchenamt in Hannover mit etwa 200 Mitarbeiterinnen und Mitarbeitern.

Das Leitungsgremium der EKD ist der Rat. An der Spitze der EKD steht der Ratsvorsitzende. Dem Rat der EKD gehören für sechs Jahre 15 Mitglieder, Laien und Theologen, an, von denen 14 gemeinsam von Synode und Kirchenkonferenz gewählt werden; die oder der Präses der Synode ist 15. Mitglied kraft Amtes. Aus der Mitte der gewählten Ratsmitglieder bestimmen Synode und Kirchenkonferenz wiederum gemeinsam den Vorsitzenden oder die Vorsitzende des Rates und dessen bzw. deren Stellvertreter oder Stellvertreterin.

Die Synode ist das kirchenleitende und gesetzgebende Gremium der EKD. Sie besteht aus 126 Mitgliedern, an der Spitze der oder die Präses. 106 Synodale werden durch die Synoden der 20 Gliedkirchen gewählt, 20 Synodale beruft der Rat unter besonderer Berücksichtigung von Persönlichkeiten, die für das Leben der Gesamtkirche und die Arbeit der kirchlichen Werke Bedeutung haben.

Die Kirchenkonferenz ist das föderative Leitungsgremium der EKD. Sie wird von den Leitungen der Gliedkirchen gebildet. In ihr haben Gliedkirchen mit mehr als zwei Millionen Kirchenmitgliedern zwei Stimmen, die anderen Gliedkirchen haben eine Stimme. Die Kirchenkonferenz hat die Aufgabe, die Arbeit der EKD und der Gliedkirchen zu beraten, sie kann dem Rat und/oder der Synode Vorlagen zuleiten und Anregungen geben. Vorsitzender der Kirchenkonferenz ist der Ratsvorsitzende.

Disputatio/Disput

Ein Disput (eine Disputation, lateinisch *disputatio*) ist ein Wortwechsel über strittige Fragen, historisch gesehen, eine ritualisierte intellektuelle Auseinandersetzung. Zu Zeiten Martin Luthers verteidigte ein Doktorand seine Thesen, die er zuvor aufschrieb und öffentlich aushing. Bei der Disputation vertrat der Doktorand (auch Proponent genannt) eine These, die ein Opponent durch eine Gegenthese zu widerlegen suchte. Die Disputation ist mittlerweile an vielen Universitäten als öffentliche Doktorprüfung wieder eingeführt worden. Im Mittelalter und bis in die Neuzeit war die Disputatio die übliche Methode zur Klärung wissenschaftlicher Streitfragen.

Von religionsgeschichtlicher Bedeutung war die Disputation zwischen dem Reformator Martin Luther aus Wittenberg und seinem Kollegen Johannes Eck aus Ingolstadt von Mitte Juni bis Mitte Juli 1519 in Leipzig. Eck gelang es dabei, Luther zu Formulierungen zu provozieren, die diesen in der Bewertung durch konservative theologische Universitäten und die Amtskirche als Häretiker abstempelten. Martin Luther hatte damals insbesondere den von Rom beanspruchten Primat des Papstes bestritten und definitiv erklärt, auch Konzilien könnten irren und hätten sich geirrt. Insbesondere solidarisierte sich der deutsche Reformator damals mit Thesen des 1415 als Ketzer verbrannten tschechischen Theologen Jan Hus.

Cartoon: © Oswald Huber

Im Zentrum christlicher Verkündigung steht »das Wort«. Die moderne Linguistik hat erkannt: Erst wenn es ein Wort dafür gibt, können entsprechende Sachverhalte auch gedacht werden. Die Erfindung der Null (durch die Inder, wohl im 8. Jahrhundert) war zum Beispiel die Voraussetzung für »doppelte Buchführung« und damit eine geordnete Finanzwirtschaft, die Karl der Große noch nicht kannte. Für die Theologen des Mittelalters war die Null ein Teufelswerk. Es erschreckte sie zutiefst, dass eine Null links neben einer Ziffer nichts bedeutete, mittels dieser Null, rechts neben die gleiche Ziffer gestellt, der Wert der Zahl jedoch verzehnfacht wurde. Worte sind »Bilder«, Abstraktionen eines manchmal komplexen Sachverhalts – und nicht eindeutig. Sogar unsere Biographie hat Einfluss auf ein Wort-Verständnis. Das Wort »DDR« zum Beispiel bedeutet heute etwas anderes als vor 1989, für einen Westdeutschen etwas anderes als für einen Ostdeutschen, für einen früheren DDR-Funktionär etwas anderes als für einen Dissidenten. Ein Krippenplatz bedeutete für Maria und Josef etwas anderes als für heutige Familien. Deshalb ist es auch unmöglich, theologische Lehrmeinungen ein für alle Mal eindeutig zu formulieren. Das macht den Disput notwendig und zugleich schwierig. Die Vieldeutigkeit der Sprache ist aber auch die Chance des Witzes. »Missverstehen wir uns richtig?«, hieß einst ein Programm der Münchner Lach- und Schießgesellschaft. Und der in der Zeit des Nationalsozialismus als Wort-Künstler bewunderte und von den Nazis folglich gehasste Kabarettist Werner Fink sah es als sein Ziel an: »Sie werden lachen, mir ist es ernst.«

Sach- und Personenregister